O essencial sobre
Guias de Conversação
na tradição do ensino
do Português
como Língua Estrangeira

Ficha Técnica

Autor:
Maria do Céu Fonseca

Título:
*O essencial sobre Guias de Conversação na tradição
do ensino do Português como Língua Estrangeira*

Coleção
LINGUÍSTICA – N.º16

Edição
CEL – Centro de Estudos em Letras
Universidade de Évora

© Copyright
CEL e Maria do Céu Fonseca, 2019

Edição e revisão:
José Barbosa Machado, UTAD / CEL

ISBN

978-972-778-127-0

ÉVORA, 2019

Maria do Céu Fonseca

O essencial sobre
Guias de Conversação
na tradição do ensino
do Português
como Língua Estrangeira

Coleção Linguística – n.º16

CEL – Centro de Estudos em Letras

Universidade de Évora

QUADROS

Introdução

Este "O essencial sobre Guias de Conversação na tradição do ensino do Português como Língua Estrangeira" constitui uma introdução a uma matéria que, já estudada noutras tradições gramaticais europeias, é pouco conhecida na historiografia do Português como Língua Estrangeira (PLE), considerando-se aqui uma cronologia que toma o final do século XIX como *terminus ad quem*. Destaca-se o 'conspecto diacrónico da lexicografia portuguesa bilingue' de Telmo Verdelho (2011) na construção histórica da escolarização do português no estrangeiro. Além de "lexicográfico", este conspecto é fonte para o estudo de gramáticas de PLE, de guias de conversação com o português e outras línguas europeias, de nomenclaturas bilingues e plurilingues, de materiais paralexicográficos do tipo das coleções fraseológicas, também bilingues e plurilingues. O campo historiográfico das obras que registam o português em confronto com uma ou mais línguas europeias – guias de conversação e nomenclaturas, sobretudo – e também o exercício de apuramento das fontes são as matérias que agora interessam para analisar a dimensão do ensino de PLE no tempo e no espaço. Cronologia à parte, aplica-se ao quadro de materiais de PLE o mesmo que Chevalier (1968: 134) descreve para o francês como língua estrangeira (LE) do princípio do século XVI: um ensino assente em, por um lado, "les manuels de grammaire qui sont organisés autour de quelques règles" e, por outro lado, "les recueils de tours, d'expressions, de phrases qui se rapprochent soit du genre des Colloques soit d'un dictionnaire".

Como se sabe, a gramática e o dicionário constituem os dois instrumentos básicos do processo de gramaticalização de uma língua (Auroux 1994: 109). Deixando de remissa os dicionários, sabe-se também que algumas das primeiras gramáticas fundadoras de um trabalho de normatização e de reflexão sobre as línguas nacionais, previram um público-alvo estrangeiro, por vezes com implicações metodológicas. O Livro V da *Gramática de la lengua castellana* (1492), de Antonio de Nebrija, intitulado "De las introduciones de la lengua castellana para los que de estraña lengua querrán deprender" (Nebrija 1989: 237), já foi tido por 'la gramática castellana para extranjeros de Nebrija', "cuya lectura les [extranjeros] será doblemente fácil, dado sus contenidos elementales y la estructuración gramaticográfica de esos contenidos" (Gómez Asencio 2006: 138). Depois da transição do século XVI, aumentam as obras fundadoras da reflexão sobre os vernáculos que insistem no mesmo tópico do ensino gramatical a estrangeiros. Caso da gramática "industrieusement pratiquee" de Maupas, dirigida a "tovs seignevrs et gentils-hommes, d'autre langue & païs, amateurs de la langue françoise" (1973[1607]: ãij-ãijv); caso também de Jiménez Patón ao adotar o modelo gramatical latino para promover a internacionalização do castelhano nas *Institvciones de la gramatica española* (1614), para "los estrangeros que la [lengua] desean sauer" (1614: 27v); e caso ainda, já no contexto de Port-Royal, das *Nouvelle methode pour apprendre facilement et en peu de temps la langue italienne* (1660) e *Nouvelle methode pour apprendre facilement et en peu de temps la langue espagnole* (1660), de Claude Lancelot. No que toca à gramática portuguesa, Barbara Schäfer-Prieß (2019: 110-115) evoca as obras de João de Barros, Amaro de Roboredo e Bento Pereira "concebidas, simultaneamente, para portugueses e estrangeiros", acrescentado a autora que "[a]s gramáticas para estrangeiros que são publicadas a seguir estão, normalmente, escritas na língua de origem como ponto de partida, dirigindo-se a estrangeiros europeus que pretendem aprender o português por motivos práticos" (Schäfer-Prieß 2019: 115).

Que a gramaticografia das línguas vernáculas foi também concebida em termos de um público estrangeiro é constatação documentada nos textos. Mas inovador e histórica ou contextualmente diverso, é um segundo movimento gramatical a que alude Schäfer-Prieß do ensino/ aprendizagem de línguas europeias estrangeiras, que foi acompanhado pela produção editorial europeia de manuais e métodos de ensino de línguas não maternas. Neste movimento, teve também lugar a gramaticografia de PLE, que, encetada na segunda metade do século XVII e difundida nas duas centúrias seguintes por autores de nacionalidades diversas (portuguesa, brasileira, francesa, italiana, inglesa, americana e alemã), se situa num contexto de conceção, redação e edição diferente da restante produção gramatical em língua materna (Fonseca, Marçalo & Silva 2012; Kemmler 2014; Fonseca 2014, 2018). Uma das diferenças maiores reside no facto de o português deixar de ser a metalíngua da descrição gramatical: "That the language the text describes differs from the language of the description marks these texts as L2 grammars" (Thomas

2004: 83); e quando assim não é, as gramáticas do *corpus* de PLE passam a bilingues –português/francês em Rousseau (1705) e português/alemão em Meldola (1785) –, aproximando-se, neste ponto, do registo bilingue típico dos guias de conversação. É que, além das gramáticas, importa ter em conta, como acima referido por Chevalier para o francês, outros instrumentos que, em paralelo, permitiram fixar o uso de PLE, isto é, guias de conversação que incluem o português e uma ou mais línguas modernas.

Se se entender que "le langage tel qu'il est vécu et parlé est incommensurable à nos analyses grammaticales" ou, por outras palavras, que "[q]uelque grande que soit la grammaire, il y des phrases qu'elle est incapable d'engendrer" (Auroux 1998: 94), mais evidente se torna a pertinência desses outros instrumentos complementares do ensino estritamente gramatical de línguas modernas estrangeiras, entre eles os guias de conversação. Tipicamente bilingues ou poliglotas, são constituídos por vocabulário e diálogos úteis para o ensino "des tours syntaxiques" (Chevalier 1968: 405), conforme se apresenta no ponto 1. e se estuda para PLE em 3. A sua grande voga permite afirmar que "[w]hile two ingredients of language learning – vocabularies, and dialogues – were being widely used across Europe by the sixteenth century, in most cases written grammars of the vernacular languages did not yet exist" (McLelland 2017: 93). Outro facto histórico: do ponto de vista do ensino de LE, "la lectura y memorización de textos [isto é, textos dialogados de guias de conversação] (...) precede por necesidades prácticas (comerciales, políticas...) al método gramatical, en cambio más adecuado para insertarse en un sistema escolar" (Sáez Rivera 2005: 795).

No ensino de PLE, a tradição destes guias de conversação situa-se fundamentalmente no século XIX, limite cronológico deste trabalho, reitera-se. Basta atentar no elenco de Verdelho e Silvestre (2011: 237-244) e no presente ponto III. da Bibliografia, "*Corpus* de Guias de Conversação: Português". Sendo um *corpus* em construção, uma vez que não contempla senão os guias conhecidos, a que se teve acesso, excluindo os de informação apenas documental e os de tipicidade duvidosa[1], é a presente amostragem, ainda assim, significativa do predomínio de títulos

---

[1] Como é o caso de *Collecção de palavras familiares, portuguezas, francezas, latinas, e britânicas, com huma breve instrução para perceber, e ainda fallar o idioma frances* (1764), de Bartolomeu Álvares da Silva, mencionado no dicionário bibliográfico de Inocêncio Francisco da Silva (1867, Tomo VIII).

oitocentistas. Trata-se, portanto, de uma tradição bastante mais tardia e também modesta se comparada com a de outras línguas europeias. Segundo Sáez Rivera (2005: 792), "se aplicó por primera vez el método dialógico al español en el *Vocabulario para aprender francés, español y flamini* (Amberes, 1520)"; Gallagher (2019: 275) apresenta um extenso elenco de "conversation manuals" que incluem o inglês como língua estrangeira (LE), no período de 1480 a 1715; quanto ao francês LE, diversos autores, mais antigos e mais recentes (Chevalier 1968: 134; De Clercq, Lioce e Swiggers 2000: xx), mencionam os manuais de conversação *Manières de langage* redigidos entre 1396 e 1415.

Face a este quadro, a produção de guias de conversação "com a parceria do português" (Verdelho 2011: 65) parece revestir-se de um cunho algo anacrónico no contexto europeu, talvez só mitigado com a obra paradigmática *Colloquia et dictionariolum* (1530), do flamengo Noël de Berlaimont; um guia de conversação que, tão logo editado, se espalhou por toda a Europa "arricchendosi a mano a mano di successive traduzioni e di nuove aggiunte, e raggiunsero il più amplio accostamento di idiomi con l'edizione ottolingue del 1598 contenente latino, francese, fiammingo, tedesco, spagnolo, italiano, inglese e portoghese" (Rossebastiano 1975: 32-33). Entre 1598 e 1692 (isto é, durante o século XVII), o registo plurilingue é ampliado ao confronto com o português em 21 edições deste tão popular guia de conversação, edições que saem nos Países Baixos, para onde imigrara uma grande parte de judeus portugueses e espanhóis, desde o final do século XVI (vd. ponto 2.). O alargamento ao confronto plurilingue é fenómeno frequente, quer nos guias de conversação (ao nível dos diálogos e da componente lexical), quer nas obras lexicográficas do tipo das nomenclaturas ou vocabulários temáticos, em geral de dimensão mais modesta do que os dicionários alfabéticos. Tanto quanto se sabe, não são muitas as nomenclaturas que incluem o português no confronto interlinguístico europeu, ao contrário das "Nomenclaturas del español" entre os séculos XV e XIX, estudadas por Alvar Ezquerra (2013). Entendeu-se, por isso, serem de mencionar (ponto 2.3) o *A vocabulary in six languages; viz. English, Latin, Italian, French, Spanish, and Portugues* (1725), de John Andree, e o anónimo *Vocabulaire Européen. Six langues, par Abc (...) français, anglais, allemand, espagnol, italien, portugais* (1878), aludindo de passagem à conhecida nomenclatura de Hadrianus Junius (1567).

Quanto aos guias de conversação bi- e multilingues portugueses, já atrás se mencionou o facto de constituírem um género que, do ponto de vista da afirmação editorial, só se concretizou no século XIX. Duas ordens de fatores atuaram como catalisadores dessa produção tipográfica, envolvendo impressores e livreiros. Por um lado, o exílio liberal português em França, a par da presença, no mesmo país, "de alguns nomes de relevo da cultura portuguesa e brasileira" (Ramos 1972: 42), entre os quais José da Fonseca, Francisco Solano Constâncio, José Inácio Roquete, o brasileiro Caetano Lopes de Moura – autores de gramáticas e coautores de guias de conversação –, são fatores ponderosos no eclodir de um mercado editorial português maioritariamente parisiense. Estanciados em França, os autores tinham no ativo o contacto e necessário confronto com outras realidades europeias; e, com eles, também para lá se transferiram a lexicografia portuguesa (Verdelho 2011: 34), a gramática portuguesa e a produção de guias de conversação, o que explica as edições parisienses de Constâncio (1832), Roquete (1843), Moura (1846), Fonseca (1854, 1855).

Outro fator é um fenómeno interno, produzido dentro da realidade francesa e prende-se, quer com a difusão das livrarias estrangeiras (Cooper-Richet 2009, 2002, 2001, 1999), quer com a invenção e moda das bibliotecas ou coleções de livros (Olivero 1999). No contexto da restauração francesa (1814-1830), Paris tornou-se uma capital editorial poliglota (Cooper-Richet 2005), com livreiros-impressores nacionais e estrangeiros aí estabelecidos – Barrois, Baudry, Truchy, Galignani – a disputarem a primazia do sector tipográfico nas mais diversas línguas, literaturas e culturas estrangeiras.

Ao mesmo tempo e conforme se destaca no ponto 4. deste trabalho, ganha vulto um fenómeno que, quantitativa e qualitativamente, respondeu a imperativos de circunstâncias históricas: as coleções de livros visavam "apporter une réponse à la demande de lecture des nouveaux lecteurs du XIXe siècle" (Olivero 1999: 10); donde, à imagem de princípios da retórica clássica, "les collections de vulgarisation" para instruir ou *docere*, as "collections de littérature, contemporaine ou classique" para distrair ou *delectare*, e as "collections chrétiennes" ou "collections de propagande" para formar bons cidadãos ou *movere* (Olivero 1999: 10). Considerando as características dos guias de conversação, ao nível da estrutura bipartida em diálogos e vocabulário, e ao nível do confronto interlinguístico, a sua reprodução em séries ou coleções que fazem apenas variar a(s) língua(s), torna-se particularmente produtiva e rentável na ótica da gestão de meios e recursos. Facilmente se identifica, por exemplo, o grupo de autores filiados a determinada coleção, assim como se identifica o elenco de nomes afeto a cada uma das línguas, porque este elenco, com pequenas alterações, se mantém em todos os guias da coleção. Mais relevante do que tudo isto é a tipicidade dos conteúdos em cada uma das coleções, dentro do quadro das características gerais dos guias de conversação. Para melhor se avaliar o serviço prestado por estas coleções no ensino de PLE, focou-se, a título exemplificativo, a *Conversations figurées. Recueil de Conversations avec la prononciation figurée*, dos livreiros Truchy-Leroy (ponto 4.2) e mencionam-se outras que também incluem o português, em 4.3.

Para terminar, dois esclarecimentos relativos a procedimentos metodológicos. Organizou-se a Bibliografia em I. Fontes primárias e II. Fontes secundárias, sem que, porém, as referências bibliográficas no corpo do texto venham diferenciadas. Se não imediatamente identificado o respetivo grupo, tornar-se-á necessário percorrer todas as páginas da Bibliografia. Quanto a poucas e consagradas siglas/abreviaturas usadas neste trabalho, embora não justifiquem uma tábua de abreviaturas, pode revelar-se útil mencionar a convenção adotada:

al. (alemão); dinam. (dinamarquês); esp. (espanhol); fr. (francês); hol. (holandês); ing. (inglês); it. (italiano); lat. (latim); LE (língua(s) estrangeira(s)); PLE (português língua estrangeira); pol. (polaco); port. (português); rus. (russo); sue. (sueco).

1. Guias de Conversação

1.1 Apresentação e aspetos definitórios básicos

> A typical manual often included some material on pronunciation, orthography, and/or grammar – in varying degrees of complexity – but at its heart was material which mimicked speech and could be employed in conversation by the reader. Phrases, proverbs, and situational dialogues taught vocabulary and grammatically correct constructions which authors claimed would be applicable in conversation by a variety of audiences, ranging from artisans to elite travellers.
>
> (Gallagher 2014: 24)

O contexto da definição em epígrafe de "conversation manuals" é o da sociedade inglesa no período conhecido por *Early Modern* (séculos XVI a primórdios de XVIII), correspondente ao dealbar da época moderna, que viveu "multilingual contexts" (Gallagher 2014: 2-6) no que toca a vernáculos da família indo-europeia e de outros grupos[1], por diversas razões de natureza cultural, política e diplomática (Salmon 1985: 49-52). Contextualizada numa cronologia e geografia específicas, a definição é, porém, transversal a outras realidades e cronologias, mesmo que os objetos referidos não apresentem a tipicidade descrita.

Pode sintetizar-se nos seguintes pontos o tipo textual destes "conversation manuals" ou, por adaptação e tradução, "textbooks", "diálogos escolares/familiares/didáticos", "manuais/guias de conversação":

(i)   A natureza bilingue, isto é, "any text which offered phrases or dialogues in English and at least one other language" (Gallagher 2014: 26), o que significa permitirem estes guias um

---

[1] Há extensa bibliografia sobre o assunto. Dos estudos mais recentes, poderá ver-se Sumillera (2014b: 61-80) para o século XVI e McLelland (2017: 5-38) para uma cronologia mais alargada.

ensino contrastivo, sempre com a mesma configuração de colunas paralelas para a língua de partida e para a(s) língua(s) de chegada.

(ii)		A orientação pragmática, considerando o uso, consciente ou não, de conteúdos funcionais e comunicativos, isto é, "any text (...) which contained material meant for use in speech, such as dialogues or phrases" (Gallagher 2014: 26) ou ainda, para dar mais exemplos, léxico temático, provérbios, fraseologia diversa, textos para leitura, modelos epistolográficos.

(iii)		A autonomia relativamente a outros materiais, isto é, "as a text, this [conversational manual] was fundamentally different to the grammar or dictionary, though it often contained elements of both" (Gallagher 2014: 26), o que significa constituírem tais manuais um género textual híbrido entre a gramática e o dicionário.

Nem sempre é líquida, porém, a classificação dos guias de conversação em termos de tipologia de obras metalinguísticas. Uma obra trilingue destinada ao ensino de PLE como a *A Portuguez Grammar: or, rules shewing the true and perfect way to learn the said language* (1662), do militar francês Monsieur de La Mollière, que apresenta uma parte dialogada e uma extensa segunda parte "de muitas couzas em modo de vocabulario" (La Mollière 1662: 37), constitui um bom exemplo da dificuldade em estabelecer tipologias e definir diferentes categorias de obras metagramaticais[1]. Pese embora as contingências, é possível salvaguardar a homogeneidade de um *corpus* de guias de conversação, tal o elenco de Claes (2000) para o francês LE entre 1550 e 1700, ou o de Gallagher (2019: 257) para "Conversation manuals containing English and at least one other European language, printed in the period 1480-1715"; *corpus* que aqui também se intentou para o português LE (cf. ponto III, Bibliografia).

Do ponto de vista tipográfico, o formato do livro, outra característica geral, embora de natureza diferente das anteriores, é igualmente pertinente em termos de tipicidade, considerando a funcionalidade dos guias

---

[1] Razão por que, no caso da intitulada gramática de La Mollière, Ponce de León (2012: 60) a considere "obra mais próxima de um manual de português para estrangeiros do que de uma gramática propriamente dita", tendo portanto uma valência eminentemente pedagógica, que caracteriza também os guias de conversação enquanto objetos de propedêutica gramatical.

de conversação. Especificamente, estes manuais, sempre de pequena dimensão, fácil transporte e manuseio (Verdelho 2011: 65), apresentam em geral os formatos de "oitavo" e "duodécimo", correspondentes aos tamanhos típicos dos pequenos livros de bolso, ou ainda o mais pequeno formato tipográfico "*in* décimo sexto" (Gallagher 2014: 49-52).

Estas características serão talvez os atributos configuradores do género *manuais/guias de conversação*, correspondente ao *diálogo escolar*, que Sáez Rivera (2007: 1152-1158) classifica quanto à forma, função e ao conteúdo. Estes guias entram numa categoria de textos não estritamente gramaticais destinados a um ensino de LE de reduzido aparato teórico, rápido, prático, necessariamente elementar e vocacionado, quer para grupos profissionais ligados ao mundo dos negócios e à atividade comercial, quer para um público escolar (estudiosos ou mestres), a despeito de entenderem alguns autores que "[c]e n'est (...) pas au moyen d'un *guide de la conversation* qu'on parvient à posséder une langue, puisqu'il ne sert que d'introduction à l'étude qu'on veut en faire" (Fonseca 1854: [vii]). Em todo o caso, a audiência era diferenciada do ponto de vista de faixas etárias – diversos guias de francês LE mencionam "adultes" e "jeunesse" entre o público-alvo – e alargada a vários grupos sociais: "Conversation manuals addressed themselves to a wide and varied audience, from 'artisans and women' to merchants and princesses" (Gallagher 2014: 76).

O uso destes guias está documentado também no ensino das línguas clássicas (latim, grego e hebraico) com estatuto de LE "from the origins of Western Civilization (Sumerians, Egyptians, Greeks, and Romans) to the Renaissance in Western Europe" (Titone 1968: 1). No discurso histórico destes textos, é prática remontar a livros escolares romanos. Sempre a menção ao manual bilingue (grego/latim) *Hermeneumata Pseudo-dositheana* e ao vocabulário temático *Onomasticon*, do grego Pollux, usados para o ensino do grego no mundo romano[1], constitui uma referência obrigatória (cf., por exemplo, Aquilino Sánchez 1987-1989: 1265-1266; Sánchez Pérez 1992: 14-15; Germain 1993: 64)[2] para

---

[1] Note-se que "[s]ince the intellectual life of Rome was entirely formed by Greek ideas, Greek was the prerequisite for the educated and cultured" (Kelly 1969: 366).

[2] O testemunho do francês Louis Massebieau (1840-1904) é em geral invocado: "(...) il existe des manuels gréco-latins de conversation qui paraissent avoir été composés au commencement du IIIe siècle, surtout à l'usage des Grecs qui voulaient

se avaliar a importância de tais textos não gramaticais como alavancas para o desenvolvimento gramatical e aprendizagem (também autodidata) de línguas não nativas por toda a Europa renascentista. Compreende-se assim que:

> La méthodologie de l'enseignement des langues vivantes (autres que le latin) est, à l'époque de la Renaissance, inspirée directement de la méthodologie de l'enseignement du latin conçu jusque-là comme une langue vivante. C'est ce qui explique le recours aux "colloques", ou "manières de langage", compte tenu des buts "pratiques" ou "utilitaires" assignés à l'apprentissage des langues secondes ou étrangères (Germain 1993 : 68).

A reforma humanística da didática latina, que começou com a defesa da sua descrição gramatical em vernáculo "despois que ella não foi vulgar" (Roboredo 2007: a3), que o mesmo é dizer, quando se tornou LE[1], foi prosseguida, não apenas graças ao estabelecimento de métodos gramaticais diferentes dos do modelo alvarístico, mas logo "a la aparición de otros libros y textos escolares de nuevo cuño" (Corvo Sánchez 2009: 212), materiais essencialmente práticos como "los libros de frases y diálogos" (Corvo Sánchez 2009: 227). No que toca à tradição portuguesa, o debate gramatical que Luís António Verney protagonizou, nomeadamente no campo da aprendizagem de línguas modernas (o francês e o italiano, sobretudo), já havia entrado na liça do ensino desde o princípio do século XVII. Toda a obra do seiscentista Amaro de Roboredo – desde o *Methodo grammatical para todas as linguas* (1619) a *Porta de linguas* (1623), passando pelas gramáticas latinas –, autor que tinha por referências principais Nebrija e Francisco Sánchez de las Brozas, é um caso exemplar de abertura a novas perspetivas do cultivo das línguas, que não passavam exclusivamente pela elaboração gramatical, nem necessariamente pelos moldes da desgastada pedagogia inaciana vigente.

Neste sentido, a afirmação de que "[t]he most reliable sources for

---

apprendre la langue latine. Ils sont d'ordinaire divisés en trois parties, savoir : un catalogue de mots rangés par ordre de sujets et qui rappelle l'*Onomasticon* de Pollux, un glossaire alphabétique et enfin une série de courts dialogues" (Massebieau 1878 : 50).

[1] O que não invalida uma rica produção gramatical de e em latim. Toda a gramaticografia do século XVI é dominada pelas obras latinas do humanista inglês Thomas Linacre (*Rudimenta grammatices*, 1533), do italiano César Scaligero (*De causis linguae latinae*, 1540), do francês Pierre de la Ramée (*Scholae grammaticae*, 1559) e do espanhol Francisco Sánchez (*Minerva, seu de causis linguae latinae*, 1587).

the historiographical reconstruction of teaching and learning a foreign language in the centuries of the past are (...) textbooks" (Hüllen 1997: 53) é válida para várias línguas europeias desde meados do século XVI, sem esquecer casos de tradições anteriores como a dos três guias de conversação *Manières de langage* (1396, 1399, 1415), destinados ao ensino do francês em Inglaterra no século XV. Enquanto as gramáticas e os dicionários pressupõem níveis mais avançados de conhecimento da língua, estas obras são gramaticalmente incipientes, proveitosas "para aprender a ler, escrever, e falar", como afirmou o flamengo Noël Berlaimont (1662: 9) no seu guia de conversação e repetiu recentemente Gallagher (2019: 67) na caracterização de "conversation manuals": "texts which aimed to inculcate competence in reading, writing, and – crucially – speech".

Em termos de horizonte de expetativas, este tipo de material baseado em diálogos e vocabulário correspondia ao interesse geral do público leitor –'learners and teachers' (McLelland 2017: 94) –, de tal forma que terá constituído, na tradição espanhola, uma espécie de "género prototípico de los métodos para aprender español [L2] en la época" (Sáez Rivera 2007: 1130) e, na tradição do francês LE, uma espécie de "précurseurs lointains des manuels de conversation, tels ceux de la série 'Berlitz' par exemple, qui proposent au touriste des phrases-clés et un lexique de base lui permettant une communication élémentaire sur des thèmes de la vie quotidienne" (De Clercq, Lioce & Swiggers 2000: xix)[1].

---

[1] Sobre o método do alemão Maximilian Berlitz (1852-1921), fundador de escolas de línguas muito populares, veja-se Howatt (1984: 205-207).

1.2 *Textbook-families*

O passado a que se refere o autor Hüllen (1997: 53) citado linhas acima, é o do nascimento de duas famílias de manuais didáticos que, obedecendo à tipicidade acima apresentada e envolvendo vários conjuntos e combinações de línguas, tiveram largo curso no tempo e no espaço através de copiosa descendência, alguma já agrupada segundo um critério de hierarquização genealógica (Rossebastiano 1984: 9-41). São elas:

– A família gerada pelo anónimo *Introito e porta* (1477, Veneza) ou *Solenissimo Vochabuolista* do editor alemão Adam von Rottweil, que, desde a versão original de italiano/alemão, se tornou uma espécie de "'mother of textbooks'" (Hüllen 2003: 100).

– A família do "*vade-mecum* de Berlaimont" (Verdelho 2011: 15) ou o *Colloquia et dictionariolum* (1530/1536[1], Antuérpia), do flamengo Noël de Berlaimont. Trata-se,

> (…) di un'operetta bilingue fiammingo-francese, di soggetto alquanto eterogeneo, comprendente oltre a un vocabolarietto, ter dialoghi, delle lettere d'argomento commerciale, una parte con preghiere varie e un piccolo trattato sulla pronuncia francese; il tutto nelle due lingue fiamminga e francese, tranne le regole di pronuncia francese, che sono redatte solo in questa lingua (Gallina 1959: 76)[2].

Destinada ao ensino do francês nos Países Baixos, a obra deu origem a um ramo editorial mais influente na Europa Ocidental, atendendo ao núcleo duro das línguas cobertas durante cerca de dois séculos (até meados do século XVIII).

Por ordem cronológica, deram entrada neste "manuel de conversation de la vie quotidienne" (Charlet-Mesdjian & Charlet 2011: 3), o francês e flamengo, o espanhol, o italiano, o inglês e alemão, e o português a partir de 1598, além da presença intermitente do latim (Andrés Renales 1994: 35-36). O português entra na série octolíngue dos *Colloquia* de Berlaimont, de que Rossebastiano (1975: 63-85) já recenseou 21 edições, publicadas entre 1598 e 1692, maioritariamente no Reino dos Países Bai-

---

[1] Só se conservam exemplares da 2.ª edição, 1536.

[2] Há extensa bibliografia sobre esta obra e o seu autor. Um dos primeiros estudos, que inclui aspetos biográficos, uma "Breve storia dei vocabolarietti" e um "Esame dei vocabolarietti", pode encontrar-se em Gallina (1959: 73-91).

xos (Delft, Haia, Antuérpia, Amesterdão e Midelburgo), onde se fixaram, sobretudo em Antuérpia e Amesterdão, judeus portugueses fugidos da Inquisição e cristãos-novos. A presença em Antuérpia remonta às décadas de trinta e quarenta do século XVI e em Amesterdão, onde a comunidade de cristãos-novos deu origem "a uma próspera e multifacetada colónia" (Matos & Salomon 1990: XXXIII), à última década do mesmo século[1].

Os dois manuais, originalmente bilingues, apresentam uma tradição editorial que logo se tornou plurilingue (Timelli 1992: 399), geograficamente distribuída pela Europa, incluindo a Península Ibérica[2], e cronologicamente difundida até cerca de 1630 no caso do *Introito e porta* e meados do século XVIII no do flamengo Noël de Berlaimont. Serem ambos "textbook-families" (Hüllen 2003: 97) significa que, quanto à forma, função e conteúdo, configuram o modelo do género textual "diálogo escolar" (Sáez Rivera 2007: 1173), muito popular como meio rápido de acesso (*introito* e *porta*) a uma ou várias línguas modernas estrangeiras, com aquela ou as designações equivalentes de "colóquios"/"colóquios escolares" (Massebieau 1878), "discursos familiares" ou a mais moderna "livros/manuais/guias de conversação".

São tidos por dicionários práticos "car tous deux contiennent des dialogues 'familiers', des prières, et le Berlaimont en particulier des modèles de lettres commerciales et de contrats" (Lillo 2002: 48) para se distinguirem de outro grupo de dicionários plurilingues constituídos pelos "doctes" ou "savants", em geral dicionários de humanistas consagrados, dirigidos a um público culturalmente mais homogéneo (Timelli 1998: 28-29). Embora as fronteiras entre um e outro tipos possam confundir-se, incluem-se entre os "doctes/savants" o Calepino ou a obra *Nomenclator, omnium rerum propria nomina variis linguis explicata indicans* (Antuérpia, 1567) do holandês Hadrianus Junius.

---

[1] Segundo Mendes dos Remédios, não há prova da sua existência "antes da ultima metade do século XVI – tal é a affirmação quase constante e unanime de todos os historiadores que se têem occupado do assumpto. Foi por 1593 que os primeiros *Marranos* aportaram áquella cidade, os quaes, constituindo desde principio, como aliás era natural, um nucleo familiar e religioso, fundaram em 1598 a primeira Synagoga com o nome de *Beth Ya'cob*, do nome dum dos fundadores – Jacob Tirado" (Mendes & Remédios 1990: 171). A informação é retomada por Wagner (1924: 6).

[2] Normalmente excluída da geografia do 'Berlaimont' (cf., por exemplo, Timelli 1992: 402), a Península Ibérica, passou a constar do roteiro dos seus locais de edição quando Sáez Rivera identificou o *Diccionario castellano, francês y catalán* (1642, Barcelona) como uma "'edición española' del manual de origen flamenco" (2007: 210).

2. Do manual bilingue ao tipo poliglota no ensino das línguas estrangeiras

2.1. Manuais poliglotas: aspetos de tradição

O tipo poliglota é aqui o confronto interlinguístico entre o português e duas ou mais línguas modernas, combinadas ou não com o latim[1], em guias de conversação, gramáticas, vocabulários temáticos ou nomenclaturas e dicionários de provérbios. Estes materiais para o ensino/aprendizagem de LE foram "particulièrement nombreux pour la période du XVe siècle, qui répond de cette façon aussi bien au vide résultant de la perte de l'ancienne 'lingua franca', le latin, qu'à la curiosité naturelle pour l'exotique, mis en évidence par les nouvelles découvertes géographiques" (Rossebastiano 2000: 688).

A progressiva perda de hegemonia do latim e a consequente valorização gramatical das línguas vulgares, sem esquecer o interesse pelas chamadas línguas 'exóticas' (muito forte em Portugal durante todo o século XVII), favoreceram o aparecimento de tais manuais poliglotas, desde os guias de conversação, às nomenclaturas e coleções de adágios e provérbios, produção de tipo paralexicográfico (Verdelho 2011: 65) muito usada no ensino das LE, mas não só. O livreiro inglês Henry G. Bohn[2], autor de uma coletânea poliglota de provérbios "comprising French, Italian, German, Dutch, Spanish, Portuguese, and Danish, with English translation", afirmava que "[w]hile engaged in editing my Handbook of

---

[1] Há flutuações entre as designações de "poliglota", "plurilingue" e "multilingue", sem que haja unanimidade quanto ao número mínimo de línguas (e se apenas línguas modernas ou também clássicas) a incluir sob os prefixos *poli-*, *pluri-* e *multi-*, que denotam quantidades imprecisas. Quemada (1967: 63) chama multilingues "aux dictionnaires qui enregistrent 3 langues et davantage", da mesma forma que Gallagher (2014: 39) fala em mais de duas línguas a propósito de "polyglot phrasebook". Já Corvo Sánchez (2010: 157) entende que as gramáticas plurilingues "se caracterizan por ser gramáticas contrastivas que contienen dos o más lenguas modernas".

[2] O *Dictionary of National Biography* (Vol. 5, p. 305) traz informação sobre a importante atividade editorial deste autor. Foi responsável pela coleção "Standard Library", à qual se seguiram "'Scientific' and the 'Antiquarian' in 1847, the 'Classical' in 1848, the 'Illustrated' in 1852, and the 'British Classics' in 1853".

English Proverbs, it occurred to me that a Collection of Foreign Proverbs (...) would be an interesting volume, as well to the ordinary reader as to the linguist" (1857: iii). O perfil destes dois tipos de público adequa-se a dois tipos de dicionário onomasiológico, sendo um deles caracterizado por "practical and didactic objectives" (Van Hal 2011: 192), de natureza diferente da tipologia do grupo dos dicionários plurilingues gerais, designadamente os "doctes" ou "savants" mencionados *supra*.

Com uma época dourada no século XVI, este grupo de dicionários que sempre incluíam a nobre língua latina e por vezes também a grega, constituiu um significativo fenómeno cultural e editorial do Renascimento. Note-se que, se na Idade Média o ensino gramatical ocidental não se ocupou senão do latim, já no Renascimento o grego tornou-se paulatinamente uma "langue seconde dans les écoles occidentales" (Percival 1992: 227).

O estudo lexicográfico de Annamaria Gallina (1959) relativo aos séculos XVI e XVII mostra que, no campo ítalo-espanhol, os *Vocabolari plurilingui*, alguns deles nomenclaturas plurilingues, constituem "il [gruppo] più numeroso" (Gallina 1959: 327) por comparação a vocabulários bilingues, nomenclaturas e glossários, sendo certo que aqueles (os plurilingues) serviram de fonte a estes ou à lexicografia bilingue de línguas modernas. Para Quemada (1967: 48), a publicação de dicionários bilingues do século XVI "ne peut être isolée de celles des multilingues auxquels ils sont liés génétiquement", atendendo a que "l'inventaire des langues modernes (…) ne sera entrepris qu'à partir des ouvrages plurilingues à entrées latines"[1]. Porventura em expressão da diversidade irredutível das línguas, esta lexicografia plurilingue, a par das primeiras gramáticas dos vernáculos, alimentou a ideia central de individualidade de cada língua, sintetizada depois no conceito de génio da língua (Hassler 2010, 2012), de origem francesa e ligado à valorização das características diferenciais das línguas, desde o século XVII. Segundo Hüllen (2001: 235), "[t]he self-assertive characterization of national languages creat-

---

[1] Por isso mesmo, ainda segundo Bernard Quemada (1967: 48), "l'espagnol est enregistré dans quatre répertoires multilingues avant de figurer seul à côté du français en 1568 ; pour l'anglais on retrouve 5 ouvrages avant le premier bilingue de 1567, 9 pour l'italien avant 1578, et 20 pour l'allemand avant 1596". No que respeita ao português, cujo confronto bilingue com as línguas europeias foi já estudado por Telmo Verdelho (2011: 13-67), são referências fundamentais as edições poliglotas do dicionário de Berlaimont e o dicionário comparativo *Ductor in linguas* (1617), do inglês John Minsheu (1560-1627).

ed the beginnings of the idea of a national genius of each language". O conceito chegou, no princípio do século XIX, à gramaticografia de PLE de autoria dos franceses Sané (1810), Hamonière (1820) e do brasileiro Paulino de Souza (1871). Tal como assinalou G. Hassler (2012: 115), historiando o conceito, "La linguistique scientifique du XIXème siècle avait exclu le génie de la langue de son champ d'intérêt, mais celui-ci reste présent dans l'enseignement des langues étrangères".

Continuando no quadro da dicionarística europeia poliglota, é opinião abalizada de Telmo Verdelho (2011: 65) que a lexicografia portuguesa está aí fracamente representada: "(...) o contributo dos autores portugueses, neste campo da lexicografia poliglota, foi (...) bastante diminuto, e o lugar da língua portuguesa, garantido por lexicógrafos estrangeiros, foi igualmente reduzido, sobretudo se o compararmos com o espaço de outras línguas europeias". Note-se que no paradigmático dicionário do italiano Ambrósio Calepino (Verdelho 1995: 341-343, 450-458), conhecido internacionalmente no Renascimento, o português só entra no rol das edições deste dicionário numa versão não europeia – o *Dictionarium Latino Lusitanicum ac Iaponicum* (Amacusa, 1595) –, dir-se-ia numa edição trilingue, com um idioma moderno – o japonês –, em todo o caso fora do quadro do plurilinguismo europeu humanista afeto ao Calepino, não se contabilizando aqui a versão roborediana do dicionário do Calepino (Verdelho 1999-2000: 125-149). Originalmente um dicionário de latim, cresceu até às oito línguas modernas – italiano, francês, espanhol, alemão, flamengo, inglês, polaco, húngaro, para além do latim, grego e hebraico –, não sendo o inglês, cujo conhecimento era limitado na Europa renascentista (Hüllen 2001: 240)[1], a presença mais constante, ao contrário do alemão e das línguas românicas.

Várias ordens de razões concorreram para a ausência do português. Havia a sua menor valorização face a outras línguas europeias de países menos periféricos em relação ao grande polo do humanismo cultural e da atividade mercantil que era a Itália. Havia também uma política linguística da administração portuguesa mais focada na produção gramatical e lexicográfica missionária, que começou pelo Oriente, de particular interesse para D. Manuel, e prosseguiu também para línguas do Brasil depois de D. João III. Havia, por outro lado, no campo de uma linguística

---

[1] Segundo o mesmo autor, "[o]nly around 1570 did it make its appearance in those polyglot textbooks which show Europe's interest in vernaculars" (Hüllen 2001: 240).

contrastiva, a falta de identidade própria do português face aos registos em língua dita "hispânica", situação que ocorre no conhecido dicionário poliglota *Nomenclator, omnium rerum propria nomina variis linguis explicata indicans* (Antuérpia, 1567) do lexicógrafo humanista Hadrianus Junius, como se verá adiante.

2.2. O caso do Português Língua Estrangeira: elementos contextuais externos

Não é por acaso que vários manuais poliglotas do século XVI, nomeadamente, para o que agora interessa, o 'Berlaimont' (1530/1536) e a *Nomenclator* (1567) de Hadrianus Junius, foram publicados em Antuérpia em primeiras edições e também novas impressões, mas porque esta capital foi o berço dos vocabulários poliglotas. Desde o início do século a grande metrópole dos Países Baixos, aí se cruzavam as mais diferentes línguas e comunidades da Europa. Numa das versões octolíngues do *Dictionariolum et colloquia*, Berlaimont (1662: 9) dá conta desta diversidade linguística: "(...) não ay nenhũ [homes doutos] em Francia nem em estes Estados baxos, nem en Espanha nem em Italia, negoceando nestas terras cà, que não tenha necessidade d'estas oyto lingoas aqui escritas e declaradas".

O cosmopolitismo da cidade atraiu, tanto um quadro de intelectuais – artistas, escritores, humanistas[1] – ligados ao renascimento italiano, quanto uma intensa atividade mercantil à escala global que transformou a cidade em plataforma do comércio meridional (francês, italiano, espanhol, português) e setentrional (alemão, inglês). Sendo uma das principais praças europeias do século XVI, para aí convergiram diversos grupos e agentes comerciais de proveniências diversas, numa movimentação de pessoas e mercadorias que originou uma comunicação babélica (Ramajo Caño 1987: 30), mediada por "une nuée de traducteurs et d'interprètes" (Goris 1925: 81), figuras sempre omnipresentes em ambientes multilingues e com intervenção, inclusive, no próprio processo de ampliação linguística das obras poliglotas.

Sem que houvesse uma língua franca no meio antuerpiano, papel que coube ao francês apenas em meados de Seiscentos, da situação de contacto linguístico resultou o domínio do espanhol por força da presença da coroa espanhola de Filipe II e de uma maioria de falantes nativos, reservadas as demais línguas principais (italiano, francês, alemão e neerlandês) para quem possuísse uma educação humanista, e o latim para as

---

[1] Notem-se as várias cartas da "fase antuerpiana" de Damião de Gois que Amadeu Torres editou em *Noese e crise na epistolografia latina goisiana* (1982: vol. I, 231-254; vol. II, 174-179).

elites do poder económico, político e cultural, elites que viviam ainda uma situação de diglossia quanto ao uso do latim.

A hegemonia linguística do espanhol potenciou o menor uso do português. Embora extenso o elenco de obras (de pendor religioso e literário) em língua portuguesa saído de prelos judaico-portugueses de Amesterdão[1], é natural que os autores carregassem consigo a situação do bilinguismo luso-espanhol vivida em Portugal, tanto quanto ao nível do uso corrente da língua se documentam testemunhos epistolográficos de negociantes sobre a preferência pela língua espanhola. Fernão Ximenes e Rui Nunes, dois portugueses de uma das mais importantes famílias sefarditas[2] do meio comercial antuerpiano, escreviam ao mercador Simón Ruiz em finais do século XVI: "(...). Y queda advertido de continuar en lengua espannola, pues la suya françesa le es trabajosa a v. m." (Vázquez de Prada 1960: 374, Vol. II).

Esta preferência explica várias situações. Explica o facto de o português introduzido nos *Colloquia et dictionariolum* de Berlaimont em 1598 ser uma versão traduzida do espanhol presente neste vocabulário desde 1551. Nas palavras de Rossebastiano (1975: 39), "che il traduttore non fosse fiammingo e che meglio di ogni altra lingua presente nel manuale conoscesse lo spagnolo è certo, poiché la nuova versione risulta realizzata sulla base di quella spagnola". Os seguintes exemplos (excertos dos diálogos e do vocabulário) são significativos da coincidência das traduções entre o espanhol e português (Rossebastiano 1975: 40):

Spagnolo: *Hermana*, adonde es el derecho camino de aqui à Anveres?
Portoghese: *Irmana*, aonde he o caminho direito daqui à Anvers?

Spagnolo: Hermana / hermana / mis amores.
Portoghese: Irmana / irmana / meus amores.

---

[1]   Ilustra-o o capítulo "[t]rabalhos em lingua portuguêsa existentes em Amsterdam" de Mendes dos Remédios (Mendes & Remédios 1990: 219-314). Veja-se também o estudo introdutório de Manuel Cadafaz de Matos e Herman Prins Salomon à edição fac-similada desta obra de Mendes dos Remédios (Matos & Salomon 1990: XI-LX).

[2]   Sobre membros desta família, veja-se Almeida (2009: 736-739). A propósito dos irmãos Fernão (Fernando) Ximenes e Rui Nunes: "Em 1572, Fernão encontrava--se em Antuérpia gerindo a casa comercial dos Ximenes com o seu irmão, Rui Nunes. No entanto, já em 1570 e 1571, os dois irmãos surgem mencionados na documentação da Nação Portuguesa de Antuérpia" (Almeida 2009: 736).

A preferência pelo espanhol explica ainda que, apesar das importantes relações comerciais bilaterais entre Portugal e as nações flamenga e holandesa, o uso do português "negli scambi commerciali internazionali deve essere stato assai scarso, se tale lingua compare cosí tardi nell'opera del Berlaimont" (Rossebastiano 1975: 39).

Foi neste meio e nestas circunstâncias de "plurilingüismo de los Países Bajos durante los siglos XVI y XVII" (García Asencio 1996: 291) que se estabeleceu em Antuérpia, em 1499, a atividade comercial portuguesa migrada de Bruges, onde estivera instalada desde 1386, para a nova capital comercial e financeira da Flandres, sendo também verdade a contraposição de interesses comerciais e culturais que trouxeram a Lisboa entre os séculos XV e XVIII flamengos e holandeses, um dos quais o conhecido impressor Pedro Craesbeeck. Da atividade comercial portuguesa estabelecida em Antuérpia fez parte, como já se referiu, uma destacada e extensa comunidade de judeus e cristãos-novos que para aí rumou nas décadas de trinta e quarenta de Quinhentos, e para Amesterdão mais no fim do século em busca de liberdade religiosa, a resguardo da ação da Inquisição portuguesa. Foi sobretudo em Amesterdão que a presença judaico-portuguesa de mercadores e ilustres médicos, filósofos e altos dirigentes da administração e das finanças se tornou mais significativa (Wagner 1924: 5), com implicações na diversidade das suas atividades que envolviam, além das estritamente económicas, a produção artística e cultural. É crível, por isso, que o autor da versão portuguesa presente nos *Colloquia* de Berlaimont (edição de Delft, 1598) possa ser um dos membros deste "milieu juif d'Amsterdam" (Rossebastiano 2000: 695) e faz também sentido estabelecer uma relação direta entre a presença desta comunidade na Flandres e a introdução do português na obra de Berlaimont.

2.3. Nomenclaturas no ensino do Português Língua Estrangeira

Até ao fim do século XVII, pelo menos, as várias edições euro-peias do Berlaimont octolíngue – portanto, as edições com o português, publicadas nos Países Baixos, incluindo a Bélgica, em Inglaterra e na Itália – podiam servir ao público interessado no português, a "chegar ao conhecimento de oyto lingoagẽs diferentes" e "conhecer a maneira da pronunciação de muytas nações" (Berlaimont 1662: 13, 15). Resta ainda a possibilidade de algumas reflexões filológicas, nomeadamente: compa-rar as línguas vernáculas românicas; avaliar a sua proximidade ao latim, tópico sempre presente nos discursos sobre as qualidades das línguas românicas e a sua ligação ao latim, "whereas in the cases of German and English this was done by distancing from rather than by referring to it" (Hüllen 2001: 237); e desta forma analisar as relações entre o vernáculo e a língua latina, tendo-a como "langue de passage, comme pont entre la langue maternelle et les autres langues vernaculaires" (Charlet-Mesdjian & Charlet 2011: 2).

Não é abusivo elencar estes objetivos entre os propósitos das obras poliglotas, onde o português figura a título de mais uma língua românica. Na verdade, eles estão implícitos na própria tipologia destas obras, quando não explicitamente visados pelos autores. Exemplo disso é a obra de R. John Andree (autor não mencionado no *Dictionary of National Biogra-phy*) que se pode integrar naquilo a que Verdelho (2007: 17) chama a "galeria pouco preenchida na dicionarística portuguesa, de vocabulários, ou nomenclaturas breves". O título deste vocabulário escolar temático é:

> A / VOCABULARY, / IN / Six LANGUAGES; / *VIZ. / English, Latin, Italian, French, Spanish, /* and *Portugues* [sic], / AFTER / *A New METHOD, / TO /* Shew the Dependance [sic] of the four last / upon the *Latin*, and their mutual Analogy to / each other. / WITH / Proper *Rules* for their several Pro-nunciations; and / a Dissertation upon their Origin, Change, and Mixture (…), London, M.DCC.XXV.

Dependência entre a língua-mãe latina e as quatro línguas români-cas, por um lado, e regularidade ou analogia entre as línguas românicas, por outro, são os dois fenómenos em foco, que frequentemente andam a par na gramática setecentista para explicar um conjunto variado de regras morfológicas e sintáticas das línguas vulgares[1]. Ainda assim, a analogia de John Andree não é o método analógico do francês Jean Noël Blondin em *Grammaire polyglotte* (1826[1811]), usado para o estabelecimento de paradigmas morfológicos regulares, campo preferencial de nivelações analógicas. Blondin (1826: [4]) afirma apresentar "le tableau synoptique des désinences d'un grand nombre de substantifs, d'adjectifs, d'adverbes latins, italiens, espagnols, etc., considérés sous leurs rapports analogiques avec le français".

Em R. John Andree, o procedimento analógico decorre da presença destas cinco línguas – latim, italiano, francês, espanhol e português –, comparadas ao nível de categorias nominais e verbais, como se dirá adiante. O inglês é língua de entrada, já que "this Book is chiefly designed for the Use of English Men" (Andree 1725: xvi). A metodologia é explicitada pelo próprio autor (Andree 1725: xv):

> *There are six Columns for the six different Languages, as appears at the Opening of the Book. I proposed to place the* Spanish *next to the* Italian, *but as the Design of this Work is to shew the Affinity one Language has with the other, I have put the* French *immediately after the* Italian, *as being nearly related to the same in Word, and Construction, and the* Spanish *and* Portugues *together for the same Reason.*

Em conformidade, sucedem-se 33 capítulos ou secções, agrupados por categorias gramaticais em colunas de páginas com numeração dobrada[2], segundo o modelo:

---

[1] No caso da gramática portuguesa, recorde-se o título *Regras da lingua portugueza, espelho da lingua latina* (1725), de Jerónimo Contador de Argote e, em relação a textos doutrinais, a recomendação do célebre Alvará régio de 1759, no § VI: "Para que os estudantes vão percebendo, com mais facilidade, os principios da Grammatica Latina, hé util que os Professores lhes vão dando huma noção da Portugueza advertindo-lhes tudo aquillo em que tem alguma analogia com a Latina; e especialmente lhes ensinarão a distinguir os nomes, os verbos, e as particulas por que se podem dar a conhecer os casos" (Andrade 1981: 85, II).

[2] Isto é, o mesmo número surge na página esquerda e na página direita. Este tipo de numeração ocorre com alguma frequência em várias outras obras poliglotas (dicionários e guias de conversação).

(3)   (3)

Engliſh,	*Latin,*	*Italian,*	*French,*	*Spaniſh,*	*Portugues.*
a Fragment, *or* broken Piece	Fruſtum, *n.* 2. Fragmentum, *id.*	Pezzo, *m.* Frammento, *m.*	Piece, *f.* Morceau, *m.*	Pedaço, *m.* Pieça, *f.* Framento, *m.*	Pedaço, *m.* Fatia, Poſta, *f.*
a Crum, *or* little Piece	Mica, *f.* 1. Fruſtulum, *n.* 2.	Pezzoletta, *f.* Pezzetto, *m.*	Petit morceau, Brin. *m.*	Pedacito, *m.*	Pedacinho, *m.*
Things have					
a Cauſe	Cauſa, *f.* 1.	Cauſa, *f.*	Cauſe, *f.*	Çauſa, *f.*	Cauza, *f.*
Nature	Natura, *f.* 1.	Natura, *f.*	Nature, *f.*	Naturaleza, *f.*	Naturéza, *f.*

Já não constituía novidade o conteúdo lexicográfico organizado por domínios temáticos, onde predominam os substantivos, tratados, como em nomenclaturas anteriores, em capítulos de "Of Things; Their Mode, Manner, Beginning and End. Of the Sky and Caelestial Bodies", "Of the Elements. Of Fire. Of the Air. Of Rain, Hail, and Snow, &c. Of Water. Of Land or Earth", "Of Minerals. Kinds of Stones. Precious Stones", "Of Plants and Herbs. Eatable Herbs and Roots. Sorts of Corn", etc. (Andree 1725: xxiii-xxiv), isto é, grupos semanticamente relacionados; enquanto os adjetivos e verbos são tratados "in an Alphabetical Order" (Andree 1725: xxiv), a partir do inglês. Tão-pouco era original a combinação das línguas e os critérios de utilidade usados para a sua escolha. Desde meados do século XVII que James Howell (1594-1666)[1] tomava por referência o inglês e várias línguas românicas (francês, italiano e espanhol) em dicionários poliglotas, o *Vocabulary or Nomenclature* (Londres, 1659) e o *Lexicon Tretraglotton* (Londres, 1660), que Sánchez Escribano (2008; 1996: 61-65; 1983) já bem analisou. No vocabulário de R. John Andree em apreço, o autor (1725: x) esclarece as razões da sua seleção linguística, orientada por citérios de utilidade: o latim, a língua de erudição; o italiano, o idioma dos príncipes; o francês, falado em toda a Europa; o espanhol e o português, úteis para o comércio interno e para o comércio nas Índias Ocidentais (continente americano) e nas Índias Orientais (Ásia).

Mas novo é, da parte deste autor, "his systematic exploitation of the similarities between Latin and the Romance languages for the purpose of memorization" (Hüllen 2004: 300), ou seja, a comparação deliberada de línguas. A aproximação ou afastamento entre estas línguas românicas parece ficar por conta da análise do leitor, uma vez que, perante a

---

[1] Informações sobre a vida e obra deste autor podem ver-se em Gallina (1959: 305-321).

ausência de explicações etimológicas e comparativas, só a semelhança gráfica e fonética do léxico disposto em seis colunas paralelas, sugere a relação analógica que une as formas entre si (cf. i., ii., iii.), ficando sem explicação casos (cf. iv.) em que este princípio não se aplica por evolução divergente das línguas:

> *i.* *a* Palace (ing.) / Palatium, *n.* 2. (lat.) / Palazzo, *m.* (it.) / Palais, *m.* (fr.) / Palacio, *m.* (esp.) / Palacio, *m.* (port.) (Andree 1725: 85).

> *ii.* Beautiful (ing.) / Formosus, *a, um* (lat.) / Bello, *la* (it.) / Beau, *belle* (fr.) / Hermoso, *sa.* (esp.) / Formoso, *sa.* (port.) (Andree 1725: 138).

> *iii.* *to* Answer (ing.) / Respondere, *deo*, 2. (lat.) / Rispondere, *do.* (it.) / Répondre, *nds.* (fr.) / Responder, *do.* (esp.) / Responder, *do.* (port.) (Andree 1725: 156).

> *iv.* Bran (ing.) / Furfur, *n.* 3. (lat.) / Crusca, *f.* (it.) / Son, *m.* (fr.) / Salvado, Afrecho, *m.* (esp.) / Farello, *m.* (port.) (Andree 1725: 22).

Numa perspetiva românica, esta metodologia é uma "deliberate introduction of comparativism to topical lexicography" (Hüllen 2004: 303) ou à lexicografia e glossários temáticos. Ao nível da microestrutura, sendo as categorias nominais e verbais campos onde bem atua a mudança por analogia, há informações sobre as respetivas flexões que mostram a convergência entre as línguas românicas e sobretudo entre as duas iberorromânicas. Para os lexemas nominais são fornecidas indicações de género masculino, feminino e neutro (caso do latim), com o número da declinação latina. Também na flexão nominal, percebe-se a variação em número: o singular "farello" (cf. iv. *supra*), que João de Barros (1971: 311) só admitia na forma de plural "farélos", corresponde a igual número nas restantes línguas. Quanto à flexão verbal, as regularidades ou irregularidades morfológicas são indicadas por meio do sufixo modo-temporal da 1P do presente, com informação do número da conjugação latina (Andree 1725: 156):

    – *to* Answer (ing.) / Respondere, *deo*, 2. (lat.) / Rispondere, *do*. (it.) / Répondre, *nds*. (fr.) / Responder, *do*. (esp.) / Responder, *do*. (port.)

Os casos em que são apresentadas as formas de 1P do presente correspondem a verbos irregulares (Andree 1725: 156, 164):
    – *to be* Able (ing.) / Posse, *possum* (lat.) / Potere, *posso* (it.) / Pouvoir, *puis* (fr.) / Poder, *puedo* (esp.) / Poder, *posso* (port.).

    – *to* Go (ing.) / Ire, *eo*, 4. (lat.) / Andare, *vado* (it.) / Aller, *je vais* (fr.) / Yr, *voy* (esp.) / Ir, *vou* (port.).

Dados gramaticais como estes, por breves que sejam, ajudam a esclarecer o alcance das palavras de Berlaimont (1662: 19) sobre o proveito de manuais poliglotas deste tipo para "aprender a ler, escrever, e falar" LE.

A *Nomenclator, omnium rerum propria nomina variis linguis explicata indicans* (Antuérpia, 1567) de Hadrianus Junius pertence ao mesmo grupo. Segundo Corvo Sánchez (2007: 22), esta obra poliglota "es un vocabulario de temática variada y práctica, próxima a la vida cotidiana y contiene nombres de animales, árboles, plantas, virtudes, etc.". Apesar desta vertente pragmática, ligada provavelmente aos intuitos didáticos do autor (Van Hal 2011: 197), este vocabulário temático faz parte da lexicografia onomástica do grupo dos "(…) rather comprehensive dictionaries which exceeded the more practically orientated ones in volume and in subtleness of systematization and which often included Greek" (Hüllen 1999: 94), mais orientados para um público académico e erudito. É disso elucidativo o extenso "Avctorvm tvm vetervm, tvm recentiorvm catalogvs" com nomes de "Philosophi, & rusticae rei scriptores", "Historici et oratores", "Theologi", "Ivrisconsvlti", "Grammatici" e "Recentiores", apresentados à entrada do dicionário a título de fontes (Junius 1583: [2-6]).

Às entradas latinas seguem-se os equivalentes em grego, alemão, holandês, francês, italiano, espanhol e inglês, línguas a que se junta, ocasionalmente nos artigos de algumas edições, o português sob a epígrafe *Lusitanis* (Acero Durántez 1992: 112). Assim, embora sem respaldo no título do dicionário, há uma ampliação linguística de alguns dos seus artigos através do aditamento da forma portuguesa, sempre precedida da espanhola, identificada por "H." (*Hispanis*)[1]. Para exemplificar:

> – Noctua. (...) H. Lechuza, mocho *Lusitanis* (Junius 1583: 47)
> – Vpupa. (...) H. Abubilla, *Lusitanis* popa [poupa] (Junius 1583: 49)
> – Nymphaea, (...) H. Nenufar, higo del rio, escudette del rio, golfano, gelphano [golfão] *Lusitanis* (Junius 1583: 101)

Mas as semelhanças interlinguísticas entre o português e o espanhol criam interferências lexicais, sendo ao nível do léxico que se situam as maiores afinidades entre as duas línguas peninsulares, tanto quanto as interferências comunicativas, seja por divergências gráficas, fónicas ou semânticas. Hadrianus Junius, à semelhança de outros do século XVI, nem sempre diferencia as duas línguas, pois (i) ora apresenta o vocábulo espanhol e português sob a mesma epígrafe "H." (*Hispanis*), (ii) ora apresenta como portuguesa a forma espanhola, (iii) ora, inversamente, apresenta como espanhol o vocábulo português.

> (i) Malum cydonium, (...) H. Membrillo, marmello (Junius 1583: 76)
> (ii) Apologus, (...) H. Habla [sic]. *Lusitanis* Fabla (Junius 1583: 10)
> (iii) Parus minor. (...) H. Milheiro (Junius 1583: 47)
> Anchusa. (...) H. Soagem (Junius 1583: 59)

Por confronto com este dicionário onomasiológico, evidencia-se a simplicidade do anónimo *Vocabulaire Européen. Six langues* (1878), cuja impressão, não tipográfica, reproduziu o texto manuscrito, como se segue:

1	Accidents.		2	Accidents.	
français	*anglais*	*allemand*	*italien*	*espagnol*	*portugais*
Abcès, m.	abcess	Geschwür, n	postema, f	abceso	abcesso
Accès m	fit	Anfall	accesso	acceso	accesso.
Agonie, f.	agony	Todeskampf, m	agonia	agonia	agonia
Apoplexie, f	apoplexy	Schlagfluss, m.	apoplessia	apoplegia	apoplexia
Blessure, f	wound	Wunde	ferita	herida	ferida
Blesser, v.	to wound	verwunden	ferire	herir	ferir
Bosse, f	bump	Beule	bozza	chichon, m.	gallo, m.

---

[1] Note-se que a ampliação referida respeita apenas a alguns verbetes. Na verdade, e ao contrário do que era corrente, as várias reedições deste vocabulário foram reduzindo o número de línguas contempladas (Corvo Sánchez 2007: 22).

Como já mostrou Alvar Ezquerra (2013: 639), trata-se "de una nomenclatura en la que los epígrafes se ordenaban alfabéticamente", da mesma forma que as entradas, a partir do francês. Os objetivos práticos desta nomenclatura evidenciam-se na sua configuração em fascículos de distribuição periódica (de que só saíram quatro, embora 60 estivessem projetados), apresentando características de brochuras económicas, populares, úteis a vários leitores e de interesse geral, e com um bom chamariz para identificar o produto: constituem mensagens memoráveis expressões como "Langues vivantes sans maître", "60 livraisons à 50 centimes", "formant plusieurs ouvrages distincts qu'on peut acheter separement", "Une heure pour lire 8 langues" presentes na capa de cada folheto. No quadro das nomenclaturas poliglotas, este *Vocabulaire Européen. Six langues* (1878) será talvez um caso extremo de popularização de material didático, que não esquece, porém, um "Tableau de prononciation" em cada um dos folhetos. A título de exemplo, vejam-se os sons *ch*, *gn* e *gli* do italiano e os respetivos equivalentes espanhol e português:

- it. *ch* = *k*; esp. *ch* = *tch*, *gn*; port. *ch* = *kch*
- it. *gn* = *gn* fr.; esp. *ñ* = *gn* fr.; port. *nh* = *gn* fr.
- it. *gli* = *ill* fr.; esp. *ll* = *ill* fr.; port. *lh* = *ill* fr.

3. Tradição portuguesa dos Guias de Conversação

3.1 Guias de conversação: estrutura

> Ao publicar esta nova collecção de *Guias de Conversação* e de *Manuaes epistolares*, fizemos todos os esforços para dar a este trabalho um caracter de utilidade pratica.
>
> O *Vocabulario*, disposto por ordem das matérias, é sem duvida o mais completo de todos os que tem sido publicados. O homem do mundo e o sabio, o negociante e o artista, o viajante e o estudante acharão nelle todos os termos, mesmo os mais modernos, dos quaes podem vir a precisar.
>
> Exercicios geraes sobre a *Conjugação dos verbos*, familiarisando o estrangeiro com as regras da construcção; o preparão a estudar com fructo as *Phrases usuaes* e as modificar segundo as circumstancias. Finalmente, *Conversações* sobre todas as especies de assumptos o inicião na arte tão difícil de se exprimir com precisão e nitidez.
>
> (Duarte 1856: [3])

Tudo indica que o texto em epígrafe do prólogo do guia de conversação bilingue português/francês, embora não assinado, seja de autoria dos editores Irmãos Garnier. Muito ativos no sector do livro estrangeiro (Mollier 2001: 47-72), a experiência adquirida na sua coleção de guias poliglotas (incluindo bilingues), permite validar as informações sobre o conteúdo da obra de Pedro Carolino Duarte: *Vocabulario*, *Conjugação dos verbos*, *Phrases usuaes* e *Conversações* são matérias-chave de todos os guias de conversação, acrescidas frequentemente de um manual epistolar e de quadros de correspondências monetárias.

Em termos de tipificação e segundo o apresentado no ponto 1.1 *supra*, estes guias constam de duas componentes práticas fundamentais do ponto de vista macroestrutural: por um lado, um conjunto mais ou menos extenso de "Dialogos sobre objectos diferentes/Dialogues sur différens sujets" (Hamonière 1817: 91-294) ou "Dialogues Familiers/Dialogos Familiares" (Fonseca 1854: 95-135) ou ainda "Conversações/Conversations" (Roquete 1843: 231-330; Duarte 1856: 131-307); e, por outro, uma parte lexical do domínio de uma "pré-dicionarística bilingue" (Verdelho 2011: 17), que pode abranger nomenclaturas (reportórios lexicais temáticos) e coleções fraseológicas. Assim, o diálogo ou colóquio – na forma de vários dialogantes, que, por exemplo, convivem durante uma refeição (veja-se "Hum convite de dez pessoas", Berlaimont 1662: 23) – e o vocabulário (nomenclaturas, fraseologia) constituem os dois instrumentos básicos de exploração pedagógica, incorporados no mesmo manual.

O *Dictionariolvm et Colloqvia octo lingvarvm* de Berlaimont menciona expressamente estas duas componentes numa *"Tavoa* deste Livro" repetida nas oito línguas (Berlaimont 1662: 18, 23):

> Este livro he muy proveitose para aprender a ler, escrever, e falar Framengo, Ingres, Tudesco, Latin, Frances, Espanhol, Italiano, e Portuguez: o qual esta repartido em duas partes. A primeira parte he dividida em outo capítulos: dos quaes os sete vaõ per interlocutores, como Colloquios. (...) A segunda parte, contem muytos comũs vocabulos, que cada dia san necessários postos per ordem de A. B. C.

Nos vários volumes de uma coleção de guias do livreiro parisiense Théophile Barrois, intitulada *Le nouveau guide de la conversation (...) en trois parties* (cf. ponto 4.3), toda ela da autoria de Hamonière, repete-se este procedimento de adiantar no título informação sobre estas duas partes, como se se tratasse de uma mensagem identificativa de um produto: "(...) un Vocabulaire de mots usuels par ordre alphabétique" e " (...) soixante Dialogues sur différens sujets" (Hamonière 1817); ou ainda, noutro guia, "A vocabulary and dialogues, in three languages" (Feraud 1812). À primeira pertencem tópicos como os seguintes, idênticos em muitos guias:

– Hamonière (1817: 1, 4, 8, 15, 25)
Dos Accidentes, das doenças, e cousas que lhes pertencem. / Des Accidens, des Maladies, et de ce qui y a rapport.
Dos Affectos, e Faculdades da Alma; das Virtudes, e Vicios. / Des Affections et des Facultés de l'Ame; des Vertus et desVices.
Dos Animaes, e do que lhes pertence. / Des Animaux, et de ce qui en dépend.

Da Bebida, e Comida. / Du Boire et du Manger.

Das Dignidades, Profissões, e Officios. / Des Dignités, des Professions et des Métiers.

– Feraud (1812: 1-5)
ON THE HEAVEN AND THE ELEMENTS.
OF THE TIME.
OF THE SEASONS, MONTHS, AND DAYS.
OF EATING AND DRIN KING.

A segunda parte – diálogos ou "Familiar phrases and dialogues"
(Feraud 1812: 68) – é constituída por conteúdos de tipo funcional, contex-
tualizados e inseridos em sequências conversacionais, segundo o modelo:

– Hamonière (1817: 91, 94, 96, 104, 108)
Para saudar, e fazer os cumprimentos usuaes. / Pour saluer, et faire
les complimens d'usage.
Para rogar, pedir, ou offerecer. / Pour prier, demander ou offrir.
Para consentir, ou conceder, negar, ou escusar-se, e agradecer. /
Pour consentir ou accorder, refuser ou s'excuser et remercier.
Do tempo. / Du Temps.
Levantando-se da cama. / En se levant.

– Feraud (1812: 70-73)
TO AFFIRM, DENY, CONSENT, &c.
TO CONSULT OR CONSIDER.
OF EATING AND DRINKING.
OF GOING, COMING, STIRRING, &c.

É portanto através destas duas componentes – vocabulário e diálogo
– que são expostas as situações mais variadas da vida quotidiana e familiar
em torno do mundo dos negócios e das viagens, da atividade política,
económica e comercial, da convivência em sociedade, da arte militar,
das regras epistolográficas, dos princípios cristãos; enfim, temas (alguns
dos quais tocam gostos humanistas) já presentes no *Introito e porta* e no
'Berlaimont', e escolhidos segundo critérios funcionais e de utilidade.

3.1.1 Diálogos

Os diálogos, classificados como escolares/familiares/didáticos/ elementares para diferenciação dos literários, pretendiam representar as propriedades da língua falada e usada em situações comuns de conversação, correspondentes a um "'speech-purposed', meaning that the text at least attempts to be mimetic of spoken interaction" (Gallagher 2014: 27). Trata-se de uma pragmática da fala, indissociável do recurso metodológico ao processo da pronúncia figurada, presente em vários guias de conversação do século XIX para a aprendizagem da fala através da escrita.

James Gallagher (2014: 27) prefere associar estes diálogos a um "'speech-directed'", considerando "the role they played in the wider social world". Correspondem a realidades sociais situações tais as acima mencionadas ou, para dar mais exemplos de outra coleção de guias de conversão (a da Livraria Europeia de Baudry), "Demander et remercier", "Le Thé", "S'Informer du chemin", "Entre un Français et un Anglais" (Moura 1846: 43, 85, 113, 134), construídas segundo objetivos didáticos de caráter funcional e inclusive numa perspetiva intercultural.

Ilustra-se uma passagem deste último diálogo bilingue de Caetano Lopes de Moura (1846: 113):

ENTRE UN FRANÇAIS ET UN ANGLAIS.	ENTRE UM FRANCEZ E UM INGLEZ.
(…)	(...)
Y a-t-il longtemps que vous êtes en Angleterre?	Há muito que Vm. está em Inglaterra?
Il y a dix ans.	Há dés annos.
Vous voilà presque naturalisé.	Está Vm. quasi naturalizado.
Vous voilà presque Anglais.	É Vm. quasi um Inglez.
Comment trouvez-vus l'Angleterre?	Como acha Vm. a Inglaterra?
Je l'aime assez.	Gosto assás della.
Je vous entends. Vous aimez mieux la France, n'est-ce-pas?	Ja o entendo, gosta muito mais de Franca, não é?
Cela est vrais, Monsieur ; mais on ne peut s'empêcher d'avoir de la prédilection pour son pays.	É a verdade, senhor; é impossivel que não tenhamos certa predilecção por nossa pátria.

Os diálogos são apresentados em colunas paralelas, tantas quantas as línguas consideradas. Em se tratando de um diálogo trilingue, desta feita no quadro de plurilinguismo, a arrumação é feita em três colunas, numa sequência de línguas que varia de guia para guia. No caso de *Collecção de phrases e dialogos familiares uteis aos portuguezes, francezes e inglezes ou exercicios para a conversação portugueza, franceza e ingleza* ([3]1842, Lisboa)[1], de Emílio Aquiles Monteverde (1803-1881), o português é língua de entrada, e sucedem-se o francês e inglês como línguas de chegada (Monteverde 1842: 1):

Portuguez.	Francez.	Inglez.
PARA PEDIR ALGUMA COUSA.	POUR DEMANDER QUELQUE CHOSE.	TO ASK SOMETHING.
Rogo-lhe queira dar-me.	Je vous prie, donnez-moi,	I pray you, or pray, give me.
Se me faz favor.	S'il vous plait.	If you please.
Traga-me.	Apportez-moi.	Bring me.
Empreste-me.	Prêtez-moi.	Lend me.
Agradeço-lhe.	Je vous remercie.	I thank you.
Dou-lhe os agradecimentos.	Je vous rends graces.	I give you thanks.
Vá buscar.	Allez chercher, ou Allez quérir.	Go and fetch.
Logo.	Tout-à-l'heure.	Presently.
Meu querido Senhor, faça-me este favor.	Mon cher Monsieur, faites-moi ce plaisir.	Dear Sir, do me that kindness.

Já em *A vocabulary and dialogues, in three languages, English, Spanish, and Portuguese* (1812), de F. G. Feraud, a ordem de sucessão das línguas é a mesma presente no título:

OF SPEAKING, SAYING, AND DOING, &c.

English.	*Spanish.*	*Portuguese.*
Speak out	*Hable vm. alto*	Falle vmce. alto.
Speak low	*Hable baxo*.......................	Falle vmce. manso.
Who do you speak to?...	*Con ó á quien habla?*	Com quem falla vmce.?
Do you speak to me?	*Me habla vm.?*	Falla vmce. comigo?.
Speak to him, her	*Hable le, ó la*	Falle-lhe, &c.

---

[1] Verdelho (2011: 66) inclui esta obra no quadro da "bibliografia paralexico-gráfica, de âmbito plurilingue". Sobre as suas várias edições, veja-se, também, Verde-lho (2011: 66, 241).

Não será anacrónico associar estes diálogos a tipos de conteúdos funcionais que surgiram com o desenvolvimento da abordagem comunicativa da língua na segunda metade do século XX. Com efeito, se se considerar que muitos destes diálogos mobilizam um léxico relativo a determinada situação, uma componente sociocultural e estruturas gramaticais adequadas a atos de fala, parecem reunidas as condições de um uso motivado da língua que caracteriza os conteúdos funcionais, ligados a intenções comunicativas em contextos determinados e com finalidades específicas. Embora imitação da interação verbal e representação do discurso, tais diálogos são caracterizados por um elevado grau de artificialismo, que desvirtua o processo da comunicação autêntica por força do uso calculado de estruturas gramaticais e lexicais pregramaticalizadas, no sentido em que "la lengua está simplificada hasta proporcionar una forma analizable por la gramática, para poder enseñar una serie calculada de estructuras o estrategias lingüísticas" (Sáez Rivera 2007: 1185). O mesmo conceito de 'pregramaticalização' é usado por Henri Besse em "un usage de la L2 pré-grammaticalisé" (2001: 18) para caracterizar o ensino gramatical de L2 preconizado por Comenius, um ensino calculado mais em função do uso escolar do que do uso quotidiano:

> On pourrait dire qu'il la [langue] *pré-grammaticalise*, puisqu'il la réduit plus ou moins à ce que la grammaire est à même d'en analyser, à savoir des phrases dont les mots sont pris dans leur sens "propre" ou "premier", celui qu'on leur confère quand on a appris scolairement à les interpréter "hors contexte" ou en "contexte zéro", c'est-à-dire dans le contexte où les grammairiens ont coutume de les analyser (Besse 2001: 15).

Faz sentido por isso que Gallagher (2014: 27) mencione o uso destes textos "in conversation and in the classroom", donde emana o desenvolvimento de competências sociais, pragmáticas e linguísticas (lexicais e gramaticais); e que Sáez Rivera (2005: 795-797) defenda a exploração pedagógica (aos níveis fonético, morfológico, sintático, semântico e pragmático) do diálogo escolar usado no período áureo (entre meados do século XVI e princípios do século XVII) para o ensino de espanhol L2. Facilmente se percebem os intuitos sintáticos visados por Hamonière (1817: 102-104) ao propor, para exprimir, por exemplo, "alegria, dor, pezar, espanto, esperança, desesperação, etc.", as seguintes estratégias:

– O uso diferenciado do sintagma *estar/ser* + *adjetivo* em "Estou encantado", "Estou triste", "Estou desolado, estou perdido", "Estou enfadado", "Sou infeliz".

– O recurso a frases optativas do tipo "Que alegria! que fortuna!", "Meu Deos, he possível?".

– O recurso a expressões lexicalizadas que evidenciam a realização de tipos de atos expressivos, como "Queira Deos", "Deos o não permitta".

Qualquer um dos casos corresponde a uma manipulação de estruturas da língua que é comum em exercícios de natureza didática.

Passe-se a outra componente dos guias de conversação.

3.1.2 Nomenclaturas

Quanto à matéria lexical, destaca-se o modelo *nomenclator* ou "thematically arranged vocabulary lists, (…) and model conversations in which key communicative events are modelled, from gossip about the weather or the latest Sunday sermon, to a sales negotiation in a cloth shop" (Glück 2014: 50). É um modelo remoto da lexicografia bilingue (Verdelho 2011: 18) com características de vocabulário onomasiológico já estudadas por Ayala Castro. Segundo a autora (1990: 439), os seguintes traços são definitórios das nomenclaturas:

1) La distribución de su léxico se hace por campos nocionales.

2) Están redactadas en más de una lengua.

3) Por lo general, no son obras independientes, sino que forman parte de otras obras más amplias.

4) Son obras de carácter didáctico, orientadas hacia la enseñanza de segundas lenguas.

5) Recogen sólo el vocabulario usual de una lengua, son selectivas, manejan un vocabulario pretendidamente adecuado al nivel de enseñanza al que van dirigidas.

6) La categoría gramatical que se recoge en ellas es, principalmente, el sustantivo, aunque pueden aparecer las demás categorías gramaticales.

7) No ofrecen las definiciones de los vocablos recogidos.

A nomenclatura tem por ponto de partida, não a procura de palavras, mas de assuntos, ou seja, de grupos de palavras de um mesmo domínio de significação (ou um campo, um tema, uma classe) ligado a uma situação de comunicação específica. Do ponto de vista macroestrutural, a sua organização assenta em construções taxionómicas a partir das quais se estabelecem paradigmas lexicais. Dito de outro modo, assenta no ordenamento de palavras de acordo com a ideia que expressam ou com o conceito referente, podendo tal ordenamento seguir a ordem alfabética dos dicionários comuns.

Estes materiais entram claramente no domínio dos instrumentos de ensino de LE, seja ao nível de gramáticas ou de manuais e guias de conversação: "Cuando se consolidan los métodos para la enseñanza de segundas lenguas, a finales del siglo XVIII, y, sobre todo, en el siglo XIX, (...) se fija también la forma y el contenido de las nomenclaturas" (Alvar Ezquerra 2013: 23). Em todo o caso, há diferenças substanciais de metodologia na organização destes repertórios e talvez a maior seja ao nível da conceção. As nomenclaturas entram na natureza dos guias de conversação, no sentido em que constituem a sua essência, forma e índole, enquanto nas gramáticas a sua presença é contingente, não regular – há várias gramáticas omissas quanto a esta matéria – e podem figurar ora a título de anexos, apêndices ou secções complementares da matéria mais importante que era a gramatical, ora como secções à parte das demais tratadas na obra.

Um bom exemplo é o da gramática de António Vieira, *A new Portuguese grammar in four parts* (1768, Londres), cuja terceira parte é constituída por "A Vocabulary, more particularly containing the Terms of Commerce, War, and Navigation" com domínios de significação, em maior número do que os três anunciados, onde terão ido forragear autores de guias de conversação oitocentistas para constituírem as suas nomenclaturas, dado o êxito daquela gramática de PLE. Se se compararem os temas de António Vieira com a nomenclatura de Hamonière, que conhecia bem a gramática do alentejano[1], percebe-se a linha de continuidade de um elenco já estabelecido:

---

[1] Num "Avertissement" que introduz a sua *Grammaire portugaise divisée en quatre parties* (1820, Paris), G. Hamonière revela conhecer dados da gramaticografia portuguesa da época: "L'étude de la langue portugaise ayant été jusqu'à présent peu répandue en France, il n'a été publié que deux grammaires de cette langue, l'une par M. l'abbé Dubois, l'autre par M. Sané. (...). La seconde, qui n'est guère qu'une traduction de la grammaire portugaise écrite en anglais par Vieyra, contient des principes souvent inexacts, exposés sans ordre ni clarté, et est extrêmement incomplète" (Hamonière 1820 : vi-vii).

Do tempo; Do Comer, e Beber; Graos de Parentesco; Dos vestidos; De huma Casa, e do que lhe pertence; Côres; Bestas; Cousas pertencentes á Guerra; Das Cousas do Campo (Vieira 1768: 253-310).

Do tempo, das suas divisões, e das principaes epocas do anno; Da Bebida e Comida; Do Parentesco, e das suas pertenças; Dos vestidos, e do que serve ao Adorno; Das Partes da casa; Da Pintura e das Côres; Dos Animaes, e das suas pertenças; Da Profissão militar, e suas pertenças; Da Cidade, do Campo, e das cousas que ahi se encontrão (Hamonière 1817: 1-89).

Tratando-se de categorias ontológicas básicas da vida material e social (comida, bebida, vestuário, profissão), não é estranho que os temas se repitam e sejam constantemente retomados, configurando-se assim uma espécie de núcleo duro de temas ou modelo tipo chapa pré-fabricada, aplicada por sucessivos autores a vários pares e grupos de línguas. A profusão das nomenclaturas favoreceu a reprodução de modelos: "Son tantas las nomenclaturas que aparecen acompañando a los manuales de enseñanza de lenguas, que, irremediablemente, unas recuerdan a las otras cuando no las copian directamente" (Alvar Ezquerra 2013: 23). Uma visão de conjunto desta produção permite detetar, tanto as originalidades, quanto as nomenclaturas que são objeto de cópia e a tradição a que pertencem, quando não a(s) fonte(s).

As coleções de guias de conversação, fenómeno pertinente no panorama editorial do século XIX (cf. ponto 4.), contribuíram para a reprodução destes modelos. A série dos bilingues *Le nouveau guide de conversation* de G. Hamonière, coleção do livreiro Théophile Barrois – precursor do segmento de mercado do livro estrangeiro em França (Cooper-Richet 2001: 122-140) –, difundiu a mesma nomenclatura em francês, inglês, espanhol, italiano, português e "brésilienne" (Hamonière 1825) durante o primeiro terço do século XIX, período de atividade da casa Barrois, em que foram publicados os vários volumes da coleção (cf. ponto 4.3., *infra*). A nomenclatura, com 25 temas de referência corrente, foi colhida na matriz francesa das versões mais antigas da coleção, em inglês/francês (*Le nouveau guide de la conversation, en anglais et en français, en trois parties*, 1815, Paris), e em espanhol/francês (*Le nouveau guide de la conversation, en espagnol et en français, en trois parties*, 1815, Paris).

Do ponto de vista macroestrutural, em todos os volumes da coleção repete-se o elenco de temas e repete-se também a organização discursiva, uma vez que cada uma destas seções temáticas apresenta o mesmo grupo de unidades lexicais (ou entradas) ligadas por conexões diversas, ora de contiguidade semântica, ora de sinonímia, ora de antonímia. Na medida em que temas e vocabulário veiculam informações socioculturais, não deixa de ser redutora a sua uniformização por inviabilizar qualquer gestão pluricultural. O universo francês que condicionou as escolhas linguísticas (conceptuais e lexicais) de Hamonière serve de padrão para as nomenclaturas de todas as realidades estrangeiras (inglesa, italiana, espanhola, portuguesa, brasileira); e note-se que a organização formal das seções temáticas e das respetivas unidades lexicais por ordem alfabética do francês (Hamonière 1817: v), que, porém, é sempre língua de chegada, parece ser metodologia de adequação da nomenclatura a utilizadores franceses.

Nos guias de conversação, o confronto bilingue ou plurilingue começa em geral por estes vocabulários organizados em colunas por domínios temáticos e cujo léxico, constituído maioritariamente por substantivos e SN do tipo "Os Animaes bravios", "Hum mercador de vinho", "Hum Golpe com baioneta" (Hamonière 1817: 8, 29, 34), é selecionado para permitir nomear factos e situações da realidade. Fazem também parte da matéria lexicográfica bilingue "Idiotismos, expressões familiares e proverbios" (Hamonière 1817: 295), que obedecem à caracterização presente no ponto 1.1 e cujo trânsito escolar foi de grande popularidade desde o século XVI na lexicografia bilingue vernáculo-latim (Verdelho 1995: 249).

3.1.3 Secção gramatical

A utilidade é também invocada para justificar a presença, ao lado dos conteúdos indicados nos dois pontos anteriores, mas sem paridade, de uma secção gramatical de natureza elementar e sem qualquer base teórica. Aplica-se também a este caso o comentário que Izzo (1982: 337) faz ao carácter incipiente de uma ortografia poliglota publicada em latim: "The organization of *De Italica Pronunciatione* [1569] has no phonetic or phonological basis whatever, but it must have seemed natural and reasonable to the language learner of his day, as it would to the non-linguist language student today". No quadro de matéria morfológica e fonética, têm prioridade noções de pronúncia/leitura, matérias complementares da lexicografia (Verdelho 1995: 225), através de uma abordagem grafo-fonética que parte da letra para chegar ao som. Desta forma, "(...) as podereis [referência a "línguas"] por vos mesmo falar, e valeruos d'ellas, e conhecer a maneyra da pronunciação de muytas nações", segundo Berlaimont (1662: 13), que apresenta no fim do seu manual um tratado de pronunciação (limitado ao francês, italiano, espanhol e flamengo), indispensável para aprender a falar uma língua (Berlaimont 1662: 378).

Num bem conhecido manual de espanhol LE da tradição do Berlaimont, *The Spanish schoole-master* (1591, Londres), William Stepney começa por "The pronvciation of the Spanish letters", alertando para a importância desta apresentação: "Because it is most necessarie in the learning of any language, specially at the beginning to treat of the number and pronunciation of the Letters being at it were the chiefe foundation of ground of the worke" (1591: 1). Na sequência, são dadas regras de leitura e pronúncia das 24 letras "simples" e das três "compostas" (*ll*, *ch*, ñ) do alfabeto espanhol (Stepney 1591: 2-6). A abordagem de paradigmas morfológicos verbais ocupa igualmente várias páginas, incluindo conjugações, modos e vozes (Stepney 1591: 7-29).

No caso de gramáticas de francês LE para um público inglês, Caravolas (2000: 21-22) alude a uma extraordinária atenção conferida à pronúncia "par le bias d'une simple transcription phonétique". Já no que toca a manuais de conversação, a presença de observações de pronúncia e de conteúdos fonéticos através do método da pronúncia figurada é talvez um dos traços mais marcantes de uma coleção que os livreiros/editores parisienses Truchy-Leroy, especializados em métodos de ensino de L2, lançaram no século XIX com grande êxito (García Aranda 2014). O inglês, o alemão, o espanhol, o italiano, o português, o russo e o francês "tel qu'on le parle"[1], cada um com várias edições, constituíram uma bem-sucedida coleção da editorial Truchy-Leroy, cuja chancela é indicativa de um modelo de manual formatado através dos seguintes

---

[1]   *L'anglais tel qu'on le parle* (1843), de Cumberworth; *L'allemand tel qu'on le parle* (1845), de A. Wahl; *L'espagnol tel qu'on le parle* (1867), de José M. Lopes; *L'italien tel qu'on le parle* (1868), de C. I. Rapelli; *Le portugais tel qu'on le parle* (1891[1877]), de Soares da Silva; *Le russe tel qu'on le parle* (1892), de Wladimir Stavenhagen; *El francés tal como se habla* (1889), de José M. Lopes e A. Leroy (cf. ponto 4.2).

conteúdos comuns a toda a série, com pequenas variações: pronúncia, locuções elementares, diálogos, nomenclaturas e, a acompanhar todas as matérias lexicais, a respetiva transcrição figurada, presente numa terceira coluna a par do texto bilingue.

Em todos os guias, a pronúncia vem organizada em alfabeto, vocalismo, consonantismo e acentuação com pequenas variantes. No caso de *Le portugais tel qu'on le parle* (1891), de Soares da Silva (1891: vii-viii), são apresentados:

– 25 letras (maiúsculas e minúsculas) do alfabeto português (excluída *w*) com o nome das letras também em português[1], nomeadamente **A a** (â), **B b** (bê), **C c** (cê), **D d** (dê), **E e** (é), **F f** (éff), **G g** (gê), **H h** (agâ), **I i** (i), **J j** (jôta), **K k** (ká) **L l** (éll), **M m** (émm), **N n** (énn), **O o** (ó), **P p** (pê), **Q q** (quê), **R r** (érr), **S s** (éss), **T t** (tê), **U u** (ou), **V v** (vê), **X x** (chich), **Y y** (i grégou), **Z z** (zê).

– As duas letras mudas *h*, "qui ne s'aspire jamais", e *u* nos dígrafos [gu] e [qu], "où, comme en français, il ne se prononce pas".

– As vogais *a, e, i, o, u, y* com a respetiva pronúncia.

– Os ditongos *am*/ão, õe*(s)*, ãe*(s)* com a respetiva pronúncia.

– Particularidades da pronúncia em português; isto é, as consoantes "se prononcent généralement comme en français", excetuando a sequência *gn*, "dont on fait entendre les sons séparément"[2], *lh, nh, s, x, z*.

Quanto às informações, mais ou menos breves dependendo dos manuais, sobre os sinais usados na transcrição figurada ou representação sonora escrita da frase, Soares da Silva (1891: viii) menciona apenas que "[d]ans la prononciation figurée, nous marquons par le signe (´) la syllabe sur laquelle porte l'accent tonique, c'est-à-dire là où l'on doit appuyer la prononciation", mas Cumberworth (1843: xi-xii), por exemplo, elenca nove regras sobre "le système adopté pour figurer la prononciation" em inglês. A título de exemplo:

1º Dans la prononciation figurée, nous indiquons l'ă et l'ŏ graves brefs,

---

[1]   Note-se que os nomes aqui mencionados coincidem, em geral, com os das 23 letras do alfabeto que F. Rebelo Gonçalves apresenta (1947: 1).

[2]   A informação já vinha de gramáticos anteriores, nomeadamente do autor anónimo de *Maître Portugais, ou Nouvelle Grammaire Portugaise et Françoise* (1799: 6): "*Gn* ne se prononcent point comme en François, mais comme en Latin en deux sons très distincts et très separés, *Dig-nus* en Latin et *Dig-no* en Portugais, tandis qu'il se prononce *Di-gne* en François".

et l'ĕ guttural ou muet par une petite *ligne courbe*, et l'ā et l'ō graves longs par une petite *ligne droite*.

2º Nous avons toujours figure la prononciation finale *er*, par le signe ĕr, il faut bien faire attention de donner à cette finale ĕr, le son très-bref de *eur*.

3º Une voyelle surmontée d'un de ces accents ´ ^ ‾ , a toujours un son ferme et très-prolongé.

4º La voyelle *e* est muette à la fin des mots, en anglais, et ne sert ordinairement qu'à prolonger et à renforcer le son de la voyelle précédente.

Em conformidade com as regras e os sinais diacríticos indicados, veja-se a proposta de notação da pronúncia usada por estes dois autores do século XIX para a articulação do português e do inglês, as duas LE alvo:

Silva (1891: 73)		
Français	Portugais	Prononciation figurée
Bonjour (dans la matinée). Bonjour (après midi). Je vous souhaite le bonjour. Et moi pareillement.	*Bons dias.* *Boas tardes.* *Tenha muito bons dias.* *O Sñr egualmente.*	Bonj di´ach. Bau´auch tar´dech. Tê´gna mou´itou bonj di´ach. Ou segnaur´ igoualmenn´te.

Cumberworth (1843: 1)		
Français	Anglais	Prononciation figurée
Le capitaine est-il à bord? Je suis le capitaine, monsieur, à votre service. Quand partez-vous pour Londres??	*Is the captain on board?* *I am the captain, sir, at your service.* *When do you start for London?*	Ize thi capt-in' ōne bôrde? Aï am' thi capt-in', sōr, ate yôur serv-ice. Houen' dou yôu stârte fōr Lon'don'?

Mas a notação da pronúncia, sendo prioridade gramatical, não é a única matéria dos guias de conversação, na medida em que, quando contemplado tal assunto, a morfologia verbal é também tema de eleição dos autores, a ponto de vir destacado na folha de rosto: "An index of the Portuguese regular and irregular conjugations" (Feraud 1812). As fontes usadas e, por vezes, nomeadas eram textos da tradição gramatical de PLE, apresentando-se a *A new Portuguese grammar in four parts* (1768), de António Vieira, à cabeça das citações de autores de língua inglesa. É o caso de F. G. Feraud, "teacher of languages", que cita o gramático alentejano ao apresentar uma lista alfabética de 71 verbos portugueses irregulares, com a respetiva tradução inglesa, nas formas de infinitivo e de alguns particípios irregulares: "Irregular verbs of the Portuguese language, referring to Vieyra's Portuguese and English grammar" (Feraud 1812: vi). Em conformidade, sucedem-se verbos sobretudo das 2.ª e 3.ª conjugações com irregularidades que envolvem alterações do radical e mutações vocálicas:

> Abrir, Aberto "to open"; Absolver, Absolto "absolve"; Antever, Antevisto "foresee", Compor, Composto "compose "; Dispor, Disposto "to dispose"; Dizer, Dito "say"; Eleger, Electo "elect "; Escrever, Escrito "write"; Fazer, Feito "do, make"; Perder "lose" ; Poder "be able" ; Por, Posto "put, place"; Ver, Visto "see".

O *Nouveau guide de conversations modernes en français et en portugais* (1846), do brasileiro Caetano Lopes de Moura[1] – versão bilingue, reproduzida do poliglota de Bellenger, Witcomb, Steuer, Zirardini, Pardal & Moura (1846: 1-31) – abre com séries vocabulares de nomes (Moura 1846: 1-13), adjetivos (Moura 1846: 13-19) e verbos (Moura 1846: 19-31), cada uma contextualizada em estruturas frásicas de, respetivamente, "v. *ter* + nome", "ver *ser/estar* + adjetivo" e "verbo transitivo/intransitivo + complemento". Assim, sucedem-se frases para ilustrar aqueles contextos sintáticos:

> – "J'ai du pain. / Tenho paõ." para ilustrar *"Le verbe AVOIR conjugué avec les noms cidessus"* (Moura 1846: 2);
> – "Avons-nous des verres? / Temos nós copos?" para *"Le verbe AVOIR conjugué avec interrogation"* (Moura 1846: 6);

---

[1] "Caetano Lopes de Moura (1780-1860), tradutor, médico, escritor e cientista baiano, partiu para a europa no início do século XIX para viver na França napoleônica. Todas as suas obras foram escritas e impressas naquele país em razão de seu exílio voluntário. Embora pouco conhecido no Brasil, fazia questão de registrar no frontispício de seus livros – *Natural da Bahia". Dicionário de Tradutores Literários no Brasil,* https://dicionariodetradutores.ufsc.br/pt/CaetanoLopesdeMoura.htm, consulta em agosto de 2019.

– "Nous n'avons pas de souliers. / Nós naõ temos sapatos." para *"Le verbe AVOIR conjugué avec négation"* (Moura 1846: 8);

– "N'avons-nous pas um chat? / Não temos nós um gato?" para *"Le verbe AVOIR conjugué avec négation et interrogation"* (Moura 1846: 12);

– "Il est généreux. / Elle é generoso", "Ils sont occupés. / Elles estaõ ocupados." para *"Le verbe ÊTRE conjugué avec les adjectifs qui précèdent"* (Moura 1846: 14);

– "Votre habit n'est-il pas bleu? / O seu vestido não é azul?", "N'êtes-vous pas tristes? / Naõ estaes vós tristes?" para *"Le verbe ÊTRE conjugué avec négation et interrogation"* (Moura 1846: 17-18);

– "Nous balayâmes la cuisine. / Nós varremos a cozinha.", "A-t-elle frit le poisson? / Frigio ella o peixe?", "Cette maladie m'affaiblit beaucoup. / Esta doença enfraqueceme muito"; "Il a agi prudemment. / Elle obrou com prudencia" para *"Conjugaison des verbes précédents"* (Moura 1846: 20, 24, 26).

Os níveis de análise linguística desta abordagem da língua de tipo indutivo, realizada através da apresentação de frases sucessivas são, além do lexical, o morfológico e o sintático. Por conta de "Vocabulaire", vêm os paradigmas verbais das seis pessoas nos sete tempo-modos simples/compostos, (i) presente, (ii) imperfeito, (iii) perfeito, (iv) futuro simples e perifrástico, (v) condicional, (vi) presente e imperfeito do conjuntivo:

(i) "J'ai du pain. / Tenho pão.", "Tu as de la viande. / Tens carne."

(ii) "J'avais une poire. / Eu tinha uma pera.", "Tu avais une pêche. / Tu tinhas um pecego."

(iii) "J'eus des framboises. / Eu tive framboesas.", "Tu eus des mûres. / Tu tiveste amoras."

(iv) "J'aurai des noix. / Hei de ter nozes." (*haver de* + infinitivo)

(v) "J'aurais du boeuf. / Eu teria vaca."

(vi) "Que je sois forte. / Seja eu forte.", "Que tu fusses jeune. / Que tu fosses moço."

Vêm, também por conta do léxico, incursões na sintaxe das formas negativa e interrogativa da frase portuguesa: "O verbo HAVER ou TER conjugado com a interrogação."; "O verbo TER conjugado com a negativa."; "O verbo HAVER, ou TER, conjugado com a negativa e com a interrogação."; "O verbo SER ou ESTAR conjugado com a negativa e a interrogação." (Moura 1846: 1-31). A atividade repetitiva bem definida, base de toda a pedagogia, constitui o foco do objetivo da aprendizagem, que envolve, além da competência lexical, o âmbito gramatical das conjugações verbais e de estruturas sintáticas simples.

A mesma metodologia é usada por José Inácio Roquete no capítulo "Conjugações / Conjugations" do seu *Guia da conversação Portuguez--Inglez* (1843: 187-221). Tal como no caso anterior, também este guia bilingue de português/inglês vem do modelo de "Second Part. Conjugations" do poliglota de Smith, Adler-Mesnard, Ronna, Ochoa & Roquette (1843: 376-445). Em ambos são individualizados:

> (i) "Os verbos TER e HAVER conjugados com substantivos. / The verb TO HAVE conjugated with substantives", em frases declarativas e interrogativas, nas formas afirmativa e negativa. Assim, são repetidas em vários tempos e nas seis pessoas, frases como "Elle teve lenha. / He had, he'd, some wood."; "Já não temos bolas. / We have no more bowls."; "Tens calças? / Hast thou thy pantaloons?" (Roquete 1843: 187-194).
>
> (ii) "O verbo SER e ESTAR conjugados com substantivos, adjectivos e particípios. / The verb TO BE conjugated with substantives, adjectives and participles", nos mesmos tipos e formas de frase presentes em (i). Para ilustrar, "Elles são americanos. / They are, they're, Americans."; "Não estaremos tranquilos durante sua ausencia. / We shall not be quiet, while he is absent."; "Fomos perseguidos? Were we pursued?" (Roquete 1843: 194-202).
>
> (iii) "Verbos activos" (Roquete 1843: 203-221) apresentados em paradigmas de indicativos e conjuntivo, em frases simples e complexas, nas formas afirmativas e negativas de tipos declarativo e interrogativo. Servem de exemplo, "Não creio que tenha fruta. / I do not think that he has any fruit."; "Ambos solicitamos um emprego. / We are both suing for an employment."; "Não iamos juntos a toda a parte meu irmão e eu? / My brother and I went everywhere togelher; did we not?".

De novo um ensino explícito da gramática, que só se diferencia dos convencionais paradigmas verbais pela apresentação de estruturas frásicas e pela oportunidade de exercícios de tradução em ambos os sentidos, que a forma justalinear do texto em colunas paralelas permitia.

4. Guias de Conversação: as coleções no ensino do Português Língua Estrangeira

4.1. Coleções parisienses

Aumentar sucessivamente em número o elenco das línguas de uma obra responde pela sua transformação em poliglota, seja essa obra um dicionário, uma nomenclatura, um guia de conversação ou mesmo uma ortografia[1]. Pode generalizar-se a todos os tipos de obras o princípio formulado por Quemada (1967: 70) de que a evolução dos dicionários poliglotas dos séculos XVI e XVII decorreu do aditamento progressivo de novas línguas, escolhidas para garantir o êxito da publicação. Em alguns casos, esta adição de línguas, a que são muito propensos os vocabulários temáticos ou nomenclaturas, respondia pela transformação do manual bilingue, que circulava por diferentes lugares da Europa, no tipo poliglota, cujo objetivo era o ensino/aprendizagem de várias línguas de uma forma paralela. Noutros casos ainda, duas ou mais obras bilingues fundiam-se na confeção de uma poliglota para o estudo simultâneo e comparativo das línguas modernas mais usadas na época (o italiano, a então mais importante LE da Europa, o espanhol, o francês e o alemão) por um público estrangeiro diversificado e ligado a múltiplas atividades profissionais.

Foi este o trajeto dos atrás mencionados poliglotas *Introito e porta* e *Colloquia* de Berlaimont, cujas línguas se multiplicaram – de duas a oito, com intervalos – à medida das numerosas edições em vários lugares da Europa, alguns deles espaços multilingues, e se alternaram à medida das necessidades do público. Foi também este o percurso do *Manuel de la*

---

[1] Caso de *Perutilis Extern Nationibus de Italica Pronunciatione et Orthographia Libellus* (1569), de John David Rhys, sobre a ortografia e pronúncia italianas, comparadas com as de outras línguas (inglês, francês, alemão, grego, polaco, português e galês). Segundo Izzo (1982: 337), o livro "was intended for foreign learners" e o seu autor apresenta "reasonably good articulatory descriptions with comparisons of the sounds of several other European languages and comments about the typical pronunciation mistakes of various nationalities" (Izzo 1982: 351).

conversation et du style épistolaire à l'usage des voyageurs et de la jeunesse des écoles en six langues français-anglais-allemand-italien-espagnol-portugais par MM Clifton, G. Vitali, Ebeling, Bustamante et Duarte (1859), da coleção "Guides polyglottes", lançada pela editora parisiense Garnier. Antecederam-no várias versões bilingues, que incorporaram a edição hexalingue: o *Manuel de la conversation et du style épistolaire à l'usage des voyageurs et de la jeunesse des écoles: français-espagnol* (1856), de Francisco Corona Bustamante, corresponde aos conteúdos em espanhol da edição poliglota, enquanto o *Manual da conversação e do estylo epistolar para o uso dos viajantes e da mocidade das escolas. Portuguez-Francez* (1856), de Pedro Carolino Duarte, serve aos conteúdos em português. Corona Bustamante e Duarte figuram como coautores do guia poliglota, juntamente com C. Ebenezer Clifton (a quem se deve o inglês), com Giovani Vitali (responsável pelo italiano) e com Friedrich Wilhelm Ebeling (autor dos conteúdos em alemão).

À semelhança da lexicografia poliglota, no estudo dos guias de conversação há que ter em linha de conta este fenómeno de ampliação linguística, tendencialmente em número par, que parece facilitar o arranjo gráfico das colunas por páginas e a numeração dobrada (veja-se o caso do quadrilingue francês/inglês/alemão/italiano de Bellenger, Witcomb, Steuer & Zirardini 1850). Há que levar em conta, por outro lado, que a ampliação sucessiva a novos confrontos linguísticos aponta para um aumento do consumo dos livros, ligando-se o crescimento do número de leitores ao aumento do número de guias de conversação disponíveis. Mais especificamente, o alargamento linguístico proporcionou a criação e o sucesso editorial de coleções de guias de conversação.

A estatística elevada da produção destes guias tem de ser relacionada com a conjuntura editorial francesa do período da Restauração (1814/15-1830) e da pós-Restauração. O aumento da produção tipográfica e a movimentação dos agentes aí envolvidos (autores, livreiros, impressores) respondiam à procura de novos leitores do século XIX, "l'enfant, la femme, le peuple" (Olivero 1999: 10). Segundo Diana Cooper-Richet (2005: 204), "un intérêt nouveau pour les cultures et les langues venues d'ailleurs se manifeste chez un certain nombre de français". Daí a progressiva difusão da moda das *bibliotecas* ou *coleções*, isto é, "série[s], collection[s] d'ouvrages publiés par une maison d'édition et ayant un caractère commun" (Olivero 1999: 15)[1]. Foram vários os editores/livreiros parisienses (incluindo es-

____

[1]   Linhas abaixo, a mesma autora (Olivero 1999: 16) especifica, recorrendo ao

trangeiros estabelecidos em Paris) que aproveitaram a abertura ao exterior proporcionada pelo cosmopolitismo do período da restauração francesa. São exemplos representativos Théophile Barrois, Louis-Claude Baudry, J.-H. Truchy, Charles Hingray, o italiano Giovanni Antonio Galignani, a casa Garnier[1] e outros, que, com fortunas diversas, se especializaram na edição de livros em língua estrangeira e, em particular, na edição de diferentes séries de guias de conversação[2]. Estas séries não constituem um todo homogéneo. Diferenciam-se umas das outras na linha daquilo a que Sáez Rivera (2005: 793) chama *"tradición editorial"* para referir "una tradición de copias, alteraciones y adiciones encadenadas", que se produz com base numa relação intertextual de plágio. Tal tradição, que o mesmo Sáez Rivera documenta no género do diálogo escolar, permite situar uma obra na rede de relações de outra(s) e constituir séries de textos com características comuns e elementos distintivos.

O português está envolvido no confronto interlinguístico de várias destas séries de guias de conversação, nomeadamente: a coleção bilingue "Conversations figurées. Recueil de Conversations avec la *prononciation figurée*" da "Librairie Française & Anglaise de J.-H. Truchy et Ch. Leroy, Frères successeurs"; a coleção bilingue e plurilingue "Nouveau guide de conversations modernes", da Livraria Europeia de Baudry; a "Le nouveau guide de la conversation (...) en trois parties", do livreiro Théophile Barrois; a "Guides de la conversations à l'usage des voyageurs et des étudiants", do livreiro Charles Hingray; e a coleção "Manuel du Voyageur", de Madame de Genlis[3].

Trésor de la langue française: "série de volumes contenant les œuvres d'un auteur ou de volumes publiés sous un titre commun, et édités le plus souvent de façon uniforme (...) la collection, par la présentation, le format et le prix de vente, constitue à la fois le fonds de roulement et l'image de marque d'une maison d'édition".

[1] Todos estes nomes constam de *Catalogues de libraires et d'éditeurs, 1811-1924: inventaire* (Adon, Soulié, Tournerie, & Faure 2003).

[2] Sobre a atividade destes livreiros/impressores durante o período histórico da restauração francesa, vd. Cooper-Richet (2005); sobre as livrarias estrangeiras francesas, vd. Cooper-Richet (1999, 2001, 2002).

[3] Grupos de autores diferenciam-se nestas coleções. Em termos genéricos, identificam-se: Caetano Lopes de Moura e José Inácio Roquete no tocante à autoria da parte do português; Ramón Pardal e Eugenio de Ochoa para o espanhol; Giuseppe Zirardini e Antonio Ronna para o italiano; Charles Witcomb e Lelon Smith para o inglês; Adler Mesnard e Ignaz Steuer para o alemão; William A. Bellenger para o francês.

4.2. *Librairie Française & Anglaise de J.-H. Truchy*

Oriundo da família do livreiro Nicolas-Jacques Truchy (17..-1838), especializado no campo da didática das LE desde 1812, Étienne-Joachim Hégny mantém na capital francesa a mesma atividade a partir de 1838, sob a designação comercial de J.-H. Truchy. Por volta da década de setenta, a ele se associa Ch. Leroy Frères, de que há notícia também no ramo do comércio do livro em Lyon, um dos grandes centros europeus de produção e comércio livreiro. A casa de J.-H. Truchy ou, em parceria comercial, J.-H. Truchy e Ch. Leroy Frères apresenta uma atividade editorial na área do ensino das LE que merece atenção, tanto quantitativa quanto qualitativamente, até pela presença no seu catálogo de nomes ilustres, tais o do poeta Mallarmé ou o do gramático e tradutor Percy Sadler (1790?-18..), este último fonte direta de uma das obras da coleção em apreço[1].

Além da atividade editorial própria, os livreiros-editores Truchy-Leroy comercializavam em 1855 obras do fornecedor Gervais Charpentier (Olivero 1999: 205) – criador do formato compacto in-8 Jésus, de dimensão 18,5x11,5 cm^2 –, o que lhes permitia oferecer produtos editoriais mais variados e de qualidade. Assume ainda relevância o envolvimento de Truchy e sucessores irmãos Leroy na produção de conteúdos das suas publicações, porquanto partícipes da seleção e organização das matérias, em colaboração com os autores estrangeiros que assinavam as obras. Daí afirmações do tipo "[e]l autor, de acuerdo con mis instrucciones, ha seguido en su obra el órden natural adoptado en todas las casas de comercio" (Truchy 1864: 4), na introdução de *Nueva Correspondencia Comercial Española* (1864), de José M. Lopes. Daí também a padronização de prefácios dos sete guias de conversação da coleção "Conversations figurées" adiante referida, que só se compreende mediante uma linha editorial definida.

O investimento no livro escolar em LE, sobre ser uma medida ligada

---

[1] T. Cumberworth, em *L'anglais tel qu'on le parle* (1843), apresenta o gramático inglês Percy Sadler como uma das suas leituras: "(...) les auteurs à qui nous sommes le plus redevable de cet ouvrage, sont *Sadler* et *Bellenger*, comme présentant les meilleurs modèles à suivre" (1843: vi). O conjunto de títulos publicados de Sadler é considerável: uma gramática prática de inglês, um manual de conversação francesa e inglesa, vários cursos de língua, uma coletânea literária.

[2] As características do modelo deste formato são descritas por Olivero (1999: 55).

ao sistema de instrução pública francesa do século XIX – "de la cual se está ocupando en este momento de un modo particular el gobierno", escrevia Truchy em 1864 (1864: 2) –, respondia a um programa editorial anunciado, em jeito de autopromoção publicitária, numa "Introduccion" que o mesmo livreiro assina em publicação da sua responsabilidade:

> Penetrado de la utilidad de las lenguas extrangeras, hace treinta años que me estoy consagrando á su propagación y el catálogo de mi casa puede atestiguar los esfuerzos que he hecho para alcanzar este resultado. En él se hallan numerosas obras metódicas para aprender el inglés, alemán, italiano y español (Truchy 1864: 2-3).

O mesmo tipo de preocupações pedagógicas encontra-se noutros editores da época, que "vont de plus en plus se spécialiser dans la vente et la publication de manuels d'apprentissage des langues les plus variées, mais plus particulièrement de l'anglais" (Cooper-Richet 2001: 134), preferência também assinalada pelo editor Truchy (1864: 3). A divulgação e a circulação de catálogos – enquanto mostruários de coleções, formatos, encadernações e preços – eram a chave para o comércio do livro. No caso da citação *supra*, invocados a experiência de trinta anos no mercado e o leque de línguas das publicações, mais tarde alargado ao português e russo[1], deduz-se que a quantidade e a variedade dos textos em circulação seriam os predicados do catálogo aludido. De facto, tal é visível em dados do periódico dos impressores de Paris, a *Bibliographie de la France: ou Journal Général de l'Imprimerie et de la Librarie*, cujo n.º 26 de 1893 publica um catálogo da livraria de Truchy-Leroy[2] com mais de uma centena de títulos distribuídos por dezoito secções temáticas e secções de línguas (alemão, inglês, francês, italiano, espanhol, português,

---

[1] O interesse pela língua eslava poderá vir da ligação comercial ao seu fornecedor parisiense Gervais Charpentier, cujas publicações tiveram "un débouché important en Russie, 'pays où les nobles parlent parfois mieux le français que leur propre langue'" (Olivero 1999: 205). A este respeito, vd. também Caravolas (2000: 263): no século XVIII, "la Russie aussi est atteinte par la 'francomanie' qui déferle en Europe. Le français devient la principale langue étrangère étudiée par l'aristocratie, les intellectuels et les fils de riches commerçants".

[2] Adon, Soulié, Tournerie e Faure (2003: 233) mencionam outros catálogos disponíveis da Truchy-Leroy, conservados na BNF, datados de 1822, 1824, 1840, 1842, 1845, 1850, 1853-1855, 1876, 1881. Embora os catálogos não sejam uma fonte conclusiva da atividade da editora, são pelo menos sintoma da sua vitalidade.

russo, grego e latim), algumas delas com características de coleções. A título de exemplo (*Bibliographie de la France: ou Journal Général de l'Imprimerie et de la Librarie* 1893: 2017-2026):

– ÉTUDE DES LANGUES ÉTRANGERES. Méthodes pratiques renfermant des Exercices simplifiés sur les règles de la Grammaire, suivis d'un Dictionnaire de tous les mots contenus dans l'ouvrage, avec *prononciation figurée.*
– CONVERSATIONS FIGURÉES. Recueil de Conversations avec la *prononciation figurée*, à l'usage des Français qui vont en voyage, etc.
– RECUEILS D'ANECDOTES. Servant de Lecture et de Traduction, avec notes explicatives en français.
– OUVRAGES POUR L'ÉTUDE DE L'ANGLAIS.
– LIVRES ANGLAIS ET FRANÇAIS. Avec traduction en regard.
– OUVRAGES POUR L'ÉTUDE DE L'ALLEMAND.
– OUVRAGES POUR L'ÉTUDE DE L'ITALIEN.
– OUVRAGES POUR L'ÉTUDE DE L'ESPAGNOL.
– OUVRAGES POUR L'ÉTUDE DU PORTUGAIS.
(...)

Características físicas ligadas à materialidade do livro e à sua receção, por um lado, e conteúdos textuais, por outro, são aspetos colocados em relevo para cada uma das obras que compõem estas secções, e padronizados no caso das coleções. Quanto a elementos materiais dos livros, as práticas editoriais de Truchy-Leroy envolviam vários aspetos: diferentes formatos, que passavam pelo compacto in-8 Jésus; modalidades técnicas de encadernação que variavam da capa dura ("livre cartonné") à mais económica encadernação em brochura; publicações comercializadas a preços entre 1,25 francos e 16 francos; elementos gráficos-visuais como ilustrações ("gravures coloriées") e tamanho dos caracteres ("gros caractères"); e informações editoriais do tipo "épuisé", "en préparation", "nouvelle édition" (*Bibliographie de la France: ou Journal Général de l'Imprimerie et de la Librarie* 1893: 2017-2026), inclusive tarifas postais – 20 cêntimos "par la poste" –, uma vez que a circulação do livro envolveu também o comércio nacional e internacional por correspondência. Trata-se de mais uma via de distribuição do livro, "tout en incitant à l'achat d'un nombre élevé d'ouvrages" (Olivero 1999: 208) num meio que se tornara competitivo.

Em relação a conteúdos, o mesmo catálogo da Truchy-Leroy apresenta secções dedicadas a:

– Gramáticas práticas e teóricas para vários níveis de ensino (elementar e superior);
– Métodos didáticos (T. Robertson);
– Manuais de exercícios, de conversação e de tradução (nas modalidades de "version" e "thème");
– Cursos de correspondência comercial;
– Silabários bilingues;
– Miscelâneas de ditos, anedotas, frases;
–Dicionários de língua e de pronúncia;
–Dicionários de verbos e de preposições;
– Guias práticos de conversação;
– Compêndios de história e romances de clássicos de literaturas nacionais.

De entre todas estas obras, que evidenciam, como já se disse, um projeto de investimento no sector da língua, literatura e cultura estrangeiras, interessa agora destacar os guias de conversação, que constituíram uma bem-sucedida coleção editorial de pequeno formato[1] da Truchy-Leroy dirigida a franceses.

4.2.1 Coleção *Conversations figurées. Recueil de Conversations avec la prononciation figurée*

Entre 1843 e 1892, a editora Truchy-Leroy lançou sete volumes de uma coleção bilingue de guias de conversação em francês e outra língua moderna, sucessivamente reeditados no mesmo período e até ao primeiro vinténio do século XX, ultrapassando alguns a dezena de edições (Quadros 4.1 e 4.2, *infra*). Apresentam-na os editores como "collection de méthodes pratiques pour l'étude des langues étrangères" (Truchy e Leroy 1881: v), o que os levou a constituir um quadro de colaboradores estrangeiros responsáveis pela autoria de cada um dos volumes da coleção, e cujo prestígio na área de LE terá sido parte integrante do

---

[1] Sobre as características físicas desta categoria de livros de "petits formats", ligadas a aspetos da sua produção, distribuição e consumo, poderá ver-se Olivero (1999: 25-29).

sucesso editorial da coleção. Os volumes da coleção foram assim escritos por gramáticos e mestres de línguas[1] para um público francês, e refletem a responsabilidade dos editores na conceção do espírito da coleção (objetivos, características físicas, natureza dos conteúdos).

Divulgada com a designação genérica de "Conversations figurées. Recueil de Conversations avec la *prononciation figurée*" (*Bibliographie de la France: ou Journal Général de l'Imprimerie et de la Librarie* 1893 : 2017), a coleção destinava-se "à l'usage des Français qui vont en voyage", sendo os destinos destes viajantes indicados no título de cada volume – "des Français qui vont à Londres" (Cumberworth 1843), "des Français qui vont en Allemagne" (Wahl 1845), "des Français qui vont en Espagne" (Lopes 1867), "des Français qui vont en Italie" (Rapelli 1868), "des Français qui vont en Portugal" (Silva 1877), "des Français qui vont en Russie" (Stavenhagen 1892) – e concomitantemente identificado o grupo das LE alvo. O francês passa a integrar este grupo quando sai *El francés tal como se habla ó colección de conversaciones francesas y españolas con la pronunciación francesa figurada con sonidos españoles* (1889), dirigido a "los españoles y americanos que vienen a Francia" (Lopes & Leroy s.d.); volume concebido a partir do molde de *L'espagnol tel qu'on le parle* (Lopes 1867) por uma espécie de imagem em espelho que inverte da direta para a esquerda as colunas ocupadas pelo espanhol (passa de LE a língua de entrada) e pelo francês (passa de língua de entrada a LE)[2].

Os títulos de cada guia atuam como critério de classificação da

---

[1] Como era costume na época, o seu estatuto de académicos é destacado entre os elementos textuais da capa de cada volume, ênfase que denota uma estratégia comercial publicitária. Assim, T. Cumberworth (17..-18..), "Ancien Professeur d'Anglais de LL. AA. RR. les Princes et les Princesses d'Orléans, Auteur du VICAR OF WAKELIELD, avec la *prononciation figurée*, en regard du texte, etc., etc." (Cumberworth 1843); o espanhol José M. Lopes, "Auteur de la *Nouvelle Grammaire pratique et raisonnée de la langue espagnole*, de la *Nouvelle Correspondance commerciale française et espagnole*, etc." (Lopes 1867); Soares da Silva (18..-19..), "Auteur de la *Nouvelle Méthode pratique de langue portugaise*" (Silva 1877). Por vezes, são os responsáveis das edições revistas e aumentadas que merecem destaque. Assim, na 9.ª edição do guia de francês/alemão (1893), do germanista André Wahl (18..-18..), pode ler-se o seguinte: "Neuvième édition, revue et augmentée par I. Neu, Professeur d'allemand au lycée Henri IV", liceu parisiense muito marcado pela presença da língua alemã.

[2] Apesar da simetria, os dois guias de conversação não se correspondem ponto por ponto. O simples confronto dos respetivos índices mostra pequenas diferenças ao nível das locuções elementares, dos diálogos e das nomenclaturas.

coleção: *L'anglais tel qu'on le parle*; *L'allemand tel qu'on le parle*; *L'espagnol tel qu'on le parle*; *L'italien tel qu'on le parle*; *Le portugais tel qu'on le parle*; *Le russe tel qu'on le parle*; *El francés tal como se habla.* Quanto ao mais, conteúdo, formato, encadernação e outros elementos materiais, os sete guias de conversação apresentam uma padronização que garante a unidade da coleção francesa. As seguintes características físicas constituem uma imagem de marca: pequeno formato oblongo de 10x16 cm, de fácil transporte para viajantes; capa rígida com lombada em tecido para maior resistência no manuseamento; elementos decorativos como cores diferentes para as capas (e contracapas) de cada volume, e cores também diferentes na área da lombada, onde é visível o título; igual composição gráfica da capa (e da folha de rosto) em todos os guias; pequeno catálogo antes da folha de rosto (e da falsa folha de rosto) em algumas edições dos guias (Rapelli 1888; Lopes e Leroy s.d.); catálogo da própria coleção em apreço na contracapa de algumas edições dos guias (Lopes 1893; Rapelli 1888; Lopes e Leroy s.d.; Stavenhagen 1892); volumes vendidos ao preço unitário de 2,50 francos; páginas em número de cerca de 270 (com exceção do primeiro volume editado em 1843, *L'anglais tel qu'on le parle*, que apresenta cerca de 180 páginas).

QUADRO 4.1: Volumes da coleção bilingue *Conversations figurées. Recueil de Conversations avec la* **prononciation figurée**, da "Librairie Française & Anglaise de J.-H. Truchy et Ch. Leroy, Successeur"

1.ª edição	Autor	Título
1843	Cumberworth	*L'anglais tel qu'on le parle, / ou / Recueil de conversations anglaises et françaises / Avec la prononciation anglaise / Figurée par des sons français ; / A l'usage des Français qui vont à Londres.*[1]
1845	A. Wahl	L'allemand tel qu'on le parle / ou / Recueil de conversations allemandes et françaises / Avec la prononciation allemande / Figurée par des sons français / A l'usage des Français qui vont en Allemagne.
1867	José M. Lopes	*L'espagnol tel qu'on le parle / ou / Recueil de conversations espagnoles et françaises / Avec la prononciation espagnole / Figurée par des sons français / A l'usage des Français qui vont en Espagne.*
1868	C. I. Rapelli	*L'italien tel qu'on le parle / ou / Recueil de conversations italiennes et françaises / Avec la prononciation italienne / Figurée par des sons français / A l'usage des Français qui vont en Italie.*
1877	Soares da Silva	*Le / Portugais tel qu'on le parle / ou / Recueil de conversations portugaises et françaises / Avec la prononciation portugaise / Figurée par des sons français / A l'usage des Français qui vont en Portugal.*
1889	José M. Lopes e A. Leroy	El francés tal como se habla / ó / Coleccion de conversaciones francesas y españolas / Con la pronunciacion francesa / Figurada con sonidos españoles / Para uso de los españoles y americanos que vienen a França.

---

[1]   Em diversas edições, "en Angleterre".

1892	Wladimir Stavenhagen	Le russe tel qu'on le parle / ou / Recueil de conversations russes et françaises / Avec la prononciation russe figurée par des sons français / A l'usage des Français qui vont en Russie.

Maria do Céu Fonseca

QUADRO 4.2: Edições conhecidas dos volumes da coleção bilingue *Conversations figurées. Recueil de Conversations avec la* **prononciation figurée**

"Conversations figurées. Recueil de Conversations avec la *prononciation figurée*"

Coleção bilingue		
	fr. / ing.	T. Cumberworth 1843, 1846 (2.ª ed.), 1847, 1873, 1876, 1883 (8.ª ed.), 1889 (10.ª ed.), 1892 (11.ª ed.), 1896 (12.ª ed.)
	fr. / al.	André Wahl 1845, 1858 (2.ª ed.), 1872 (3.ª ed.), 1875, 1879, 1882, 1893 (9.ª ed.), 1898 (10.ª ed.)
	fr. / esp.	José M. Lopes 1867, 1879 (3.ª ed.), 1883 (4.ª ed.), 1889 (6.ª ed.), 1893 (7.ª ed.), 1903 (9.ª ed.)
	fr. / it.	C. I. Rapelli 1868, 1874, 1879, 1883 (4.ª ed.), 1888 (5.ª ed.), 1891, 1900 (7.ª ed.), 1902
	fr. / port.	Soares da Silva 1877, 1891, 1921
	esp. / fr.	José M. Lopes e A. Leroy 1889, s.d. (3.ª ed.)
	fr. / russo	Wladimir Stavenhagem 1892

4.2.2 Pronúncia figurada, diálogos, locuções e nomenclaturas

A uniformidade de elementos materiais acima referida mantém-se nos conteúdos, repartidos por observações de pronúncia, locuções elementares, diálogos (variando entre 22 e 44)[1] e vocabulários temáticos. O aspeto global desta unidade é posto em evidência pelos próprios autores, como Rapelli (1888: vi) a propósito do italiano:

> Quant au plan, il est le même que pour les autres livres de ce genre. Des *Locutions élémentaires* à l'aide desquelles on pourra former soi-même les phrases qui entrent dans un dialogue. Des dialogues aussi simples que complets, divisés de manière à servir de guide de conversation à un voyageur dans toutes les circonstances dans lesquelles il se trouvera placé pendant le cours de son voyage ou de son séjour dans une ville. Ces phrases et ces locutions, si simples, si familières et si indispensables, une fois apprises, seront d'un grand secours pour la parfaite connaissance de la langue italienne.

Além destes "Dialogues, Vocabulaires" mencionados no catálogo da *Bibliographie de la France: ou Journal Général de l'Imprimerie et de la Librarie* (1893: 2017), os aspetos mais notórios da individualidade da coleção consistem na presença de um breve tratado de pronúncia, preliminar à utilização do método conhecido por pronúncia figurada, e numa metodologia baseada no ensino contrastivo francês/LE.

Talvez um dos traços mais originais desta coleção seja o molde da expressão "tel qu'on le parle" aplicado a todas as LE de que saíram guias de conversação, a fazer lembrar palavras iniciais de André Martinet (1986: 3) em artigo sobre os dois sistemas "langue parlée" e "langue écrite"[2]: "Lorsqu'un linguiste déclare que, pour comprendre ce qu'est le langage humain, il convient d'étudier en priorité les langues *telles qu'on les parle* (…)" (itálicos nossos). A coincidência das expressões vale, não a propósito da autonomia da linguagem falada a que se refere

---

[1] Os números respeitam às edições consultadas: 22 em Cumberworth (1843); 38 em Wahl (1845); 27 em Lopes (1893); 24 em Rapelli (1888); 27 em Silva (1891); 25 em Lopes & Leroy (1889); 44 em Stavenhagen (1892).

[2] Artigo publicado em *Liaison alfonic*, com versão portuguesa em Martinet 1989: 108-121. Recorde-se que o "Alfonic" (alfabeto fonético) fez parte de uma experiência francesa de meados de 1970, que visava facilitar a passagem da oralidade à escrita. É um sistema de notação fonológica do francês (aplicado também a outras línguas, nomeadamente o grego moderno), criado pelos linguistas André Martinet e Jeanne Martinet, com a colaboração do tipógrafo Charles Peignot.

Martinet, mas para evidenciar a prioridade da competência e desempenho orais. É uma preferência de todos os guias de conversação não desligada da dimensão social de tipo pragmático, com a diferença de, no caso de "Conversations figurées", se manifestar na presença de uma transcrição figurada. Previsto o ensino "sans le secours d'un maître" (Lopes 1893: v; Silva 1891: v; Rapelli 1888: v), isto é, na ausência de modelo fonético a imitar[1], o estudo dos sons visava determinar a pronúncia ou a leitura correta da LE através da anotação ortográfica *comme l'on parle*, sistema substitutivo da fala. Esta era a orientação que presidia à representação escrita da pronúncia (figurada) da LE, que a leitura deveria reproduzir por ajuste entre o oral e o textual. Fosse maior ou menor a consciência das diferenças entre os planos fónico e gráfico por parte destes autores, todos eles gramáticos e mestres de línguas, conforme já se referiu, o certo é que o foco colocado na fala ou na leitura é sinal da importância atribuída à pronúncia de palavras e frases da LE, à forma de as "*bien* figurer", ao "l'accent convenable"; caso contrário, "il arriverait que souvent on ne serait pas compris, quels que fussent la connaissance et l'usage que l'on eût de la langue anglaise" (Cumberworth 1843: vii). Ligada à escrita e à leitura, a pronúncia é assim invocada como objetivo pedagógico por todos os autores dos guias nos respetivos prefácios, assinados pelos editores e adaptados de guia para guia. A coincidência é altamente significativa de uma mesma linha editorial:

> Nous avons voulu venir en aide à ceux qui (...) ignorent complétement le mécanisme de la prononciation castillane. Voilà le but de *l'Espagnol tel qu'on le parle* (Lopes 1893 : v).
>
> Nous avons voulu venir en aide à ceux qui (...) ignorent complétement le mécanisme de la prononciation portugaise. Voilà le but de *le Portugais tel qu'on le parle* (Silva 1891 : v).
>
> *L'Italien tel qu'on le parle* est donc destiné à rendre les mêmes services [fornecidos pelos volumes de inglês, alemão e espanhol] à tous ceux qui (…) ignorent le mécanisme de sa prononciation (Rapelli 1888 : v).
>
> Le but de ce petit ouvrage est d'expliquer la manière de prononcer les lettres, les syllabes et les mots allemands (Wahl 1893 : v)
>
> Al publicar « EL FRANCÉS TAL COMO SE HABLA » es nuestro principal objeto ayudar á los que habiendo aprendido sin mestre el idioma frances ignoran el mecanismo de su pronunciacion (Lopes & Leroy s.d. : vii).
>
> Le but de ce petit ouvrage est d'expliquer la manière de prononcer les

---

[1] Note-se que, como afirma Kelly (1969: 64), "mimicry [or imitation] is the oldest and simplest tool for teaching pronunciation".

lettres, les syllabes et les mots russes, et de faciliter l'étude d'une langue si nécessaire au commerce et aux sciences (Stavenhagen 1892 : v).

Dois procedimentos comuns a todos os autores concorrem para este intento de apresentar a pronúncia da LE comparada com o francês: tratamento do alfabeto (letras maiúsculas e minúsculas), do vocalismo, consonantismo, grupos de letras e acento, isto é, de aspetos da pronúncia na primeira parte dos guias, com ocasionais explicações articulatórias[1]; e exercícios sistemáticos de pronúncia ou leitura da LE através do referido sistema de notação da pronúncia figurada.

Reconhece-se neste sistema em que os sons estão ligados às letras, uma abordagem analítica da pronúncia (Kelly 1969: 61) já presente nos diálogos renascentistas[2], mas incrementada nos séculos XVII e XVIII pela prática de "nommer 'lettre' le son du langage, et au besoin d'introduire une distinction supplémentaire en employant le terme 'figure' pour la 'lettre écrite'" (Auroux e Calvet 1973: 72). Assim procederam vários lexicógrafos e gramáticos no estudo da pronúncia do inglês, francês e espanhol LE, sempre a partir da letra enquanto unidade mínima de análise. No âmbito lusitano-franco, contam-se gramáticas e dicionários de Hamonière (1820), Paulino de Souza (1871), Luís Simões da Fonseca (1880, s.d.), Soares da Silva (1881), L. de Lencastre (1883), R. Foulché-Delbosc (1894) que apresentam o ensino dos sons do português a franceses por meio da pronúncia figurada, método considerado de grande valia "même à ceux qui auront un professeur" (Souza 1871: xxiv) para servir de modelo à boa pronúncia. Em dicionários e gramáticas, todos eles se socorreram da pronúncia figurada para ilustrar o valor de cada letra em exemplos: <s> com o som [ʃ] em final de palavra seguida de consoante surda, em "**as formigas** (ache fourmigache), *les fourmis* – **as peras** (ache pérache), *les poires* – **os queijos** (ouche kéïjouche), *les fromages* – **os**

---

[1] É de notar que progressos da medicina na segunda metade do século XVIII, sobretudo no que toca à anatomia e fisiologia dos órgãos articulatórios, favoreceram o desenvolvimento da fonética articulatória e foram fundamentais para a descrição de articulações fónicas: "c'est une thèse soutenue aux écoles de médecine de Paris [1757] qui démontra, pour la première fois, que la nature des consonnes (...) consiste dans l'interruption momentanée de l'émission d'air" (Auroux e Calvet 1973: 73). Cf. também Galazzi (2012: 553-569).

[2] Segundo o mesmo autor Kelly (1969: 78), "[f]igured pronunciation appeared quite early in the dialogues that were the staple of the Renaissance classroom".

soldados (ouche çoldadouche), *les soldats* – **boas tardes** (bôache tar-
diche), bonsoir" (Foulché-Delbosc 1894: 25); <q> e <r> em *quadrado,
quieto, real*, "pron. *couardrado, kièto, real*" (Hamonière 1820: 12); os
ditongos de *pai, baile, pau, causa*, pronunciados "(...) *pạ-i, bạ-ile, pạ-ou,
cạ-ouza*" (Souza 1871: 6)[1]; ou fenómenos de sândi consonântico como
o vozeamento da fricativa em "*sômos vélhos e doêntes* (somos vé-lho-
-*zi*-doêntes)" (Lencastre 1883: 9); ou ainda entradas de dicionários com
a correspondente transcrição, como "**accident** *akcidân*, m. Accidente"
no *Nouveau vocabulaire* (s.d.), de Simões da Fonseca.

O mesmo instrumento da pronúncia figurada levou outros a eviden-
ciarem as limitações da associação entre "langue parlée" e "langue écrite".
Ainda no século XVIII, o Pe. Jean-Baptiste Montmignon (1737-1824)
escrevia no seu *Système de Prononciation figurée applicable à toutes
les langues, et exécuté sur les Langues Françoise & Angloise* (1785)
que "[c]'est à la disette des caractères & des signes, qu'il faut rapporter
la plûpart des embarras & des difficultés qui rendent pénible l'art de la
lecture & de la prononciation" (1785: 5).

No caso da coleção "Conversations figurées" em apreço, a primeira parte dos guias relativa a explicações sobre o sistema de pronúncia
figurada usado, inclui o mesmo tratamento conjunto de pronúncia e
ortografia, assente numa "démarche 'grapho-phonétique'" (De Clercq,
Lioce et Swiggers 2000: xiii), que parte da letra ou da grafia, como signo
do som, para a descrição das diferentes realizações fonéticas. O ensino
dos sons do alemão, inglês, espanhol, italiano, português, russo e do
próprio francês, ou seja, em todos os volumes da coleção, é feito por meio
de letras e outros sinais gráficos criados pelos autores para reproduzir
as corretas realizações orais da língua. Tida por "chose essentiellement
nécessaire" (Cumberworth 1843: vi), esta apresentação figurada dos sons
generaliza-se a todos os guias da coleção e a todas as partes de cada um.

Diálogos, locuções e nomenclaturas são sistematicamente organizados em três colunas: uma para a língua de partida (francês ou espanhol,
consoante o caso); outra para a tradução na LE (inglês, alemão, espanhol,
italiano, português, russo, francês, consoante o caso); e a terceira para a
pronúncia figurada da LE ou leitura-pronúncia não apenas de palavras
isoladas, mas também de frases com o acento correto, tudo representado
graficamente. A pronunciação figurada incluiu mesmo sinais de pontuação

---

[1] Paulino de Souza (1871: 2, n.1) usa o ponto subscrito da vogal como diacrítico de vogal tónica.

e, em relação à separação das palavras, uma segmentação que, embora não necessariamente ligada à escrita, é de tipo "ortográfico". O esquema é este, em excerto do diálogo *Dans un restaurant*, de Rapelli (1888: 128):

FRANÇAIS.	ITALIEN.	PRONONCIATION FIGUREE.
Garçon, voulez-vous apporter la carte?	*Cameriere, volete portarmi la carta?*	Camérié'ré, volé'té portar'mi la car'ta?
Voilà, Monsieur.	*Eccola, Signore.*	Ec'cola, Signo'ré.
Vous ne faites pas la cuisine italienne, __ française, __anglaise?	*Voi non fate la cucina italiana, __francese, __ inglese?*	Vo'ï nonn fa'té la coutchi'na italia'na, __ frantché'sé, __ innglé'sé?
Quels sont les plats du jour?	*Quali sono i piatti cucinati per quest' oggi?*	Coua'li so'no i piat'ti coutchina'ti per couest' o'dgi?

O leitor estrangeiro (maioritariamente falantes franceses) aplicaria na leitura as pronúncias do alfabeto, vocalismo e consonantismo apresentadas previamente, as regras dos ditongos, digramas, trigramas, os dados prosódicos do acento, as propostas de cada autor para a transcrição figurada da LE, levando em conta dificuldades e observações sobre certos grupos consonânticos. Alguns problemas são postos em evidência. Para a aprendizagem da leitura do francês é problemática a distância entre a ortografia e a pronúncia, sobretudo em situação de contraste com o espanhol, como ocorre em *El francés tal como se habla* (Lopes e Leroy s.d.). O apelo destes autores (Lopes e Leroy s.d.: x, xi) à "viva voz" do mestre ou do falante nativo é uma forma de contornar este problema: "el frances no se habla como se escribe, y no basta, como en español, saber el alfabeto y el silabario para leerlo y sobre todo para pronunciarlo" (Lopes e Leroy s.d.: vii). No que toca a dificuldades do sistema ortográfico inglês, Cumberworth (1843: ix, x) oferece pares mínimos para evitar a confusão de sons vocálicos, como "*not / note*", diferenciando-se *o* breve de *o* longo (ditongo), e de sons consonânticos, como "*fat / hat*" para os fonemas /f/ e /h/. Descrições articulatórias são também usadas para distinguir, por exemplo, as pronúncias de "*th* doux" (ou sonoro) e "*th* dur" (ou surdo). Assim, "le bout de la langue doit être avancé entre les dents ; dans cette

position, il faut qu'elle soit pressée contre les dents supérieures" para a
pronúncia sonora do dígrafo, enquanto recomenda que "avant de retirer
la langue, il faut qu'elle soit pressée contre les dents supérieures avec
un sifflement plus fort" no caso de não vibração (Cumberworth 1843 :
xii). Em relação ao italiano, Rapelli destaca um dos seus sons mais ca-
racterísticos, e também mais complexo para não nativos, representado
pelo trígrafo <gli>: a pronúncia [gli] "comme dans le français *glisser*"
e a da lateral palatal [ʎ] que exemplifica com *figlia* (Rapelli 1888: viii).
No caso de *Le russe tel qu'on le parle* (1892), Stavenhagen apresenta o
conjunto de 34 letras maiúsculas e minúsculas do alfabeto cirílico com
a corresponde transcrição francesa ou "Valeur", diferenciado em "son
propre" e "son accidentel", valores que são especificados nas regras de
pronúncia. A título de exemplo, a letra russa <б> é transcrita por <b>
e <p>, conforme as pronúncias respetivas de *bé* e "*pp* (fr.) à la fin des
mots terminés par ъ et ь", como ilustrado em "бобъ – bopp, *fève*; дробь
– dropp'*i*, *grenaille*" (Stavenhagen 1892: vii-ix). São todas estas matérias que constituem a "Explication de la prononciation figurée" (Lopes
1893: vii; Rapelli 1888: vii; Silva 1891: vii; Lopes & Leroy s.d.: ix) à
abertura de cada um dos guias de conversação, mais ou menos extensa
consoante a tipologia românica, germânica e eslava das línguas tratadas.
    Cumberworth, para o inglês, Wahl, para o alemão, e Stavenhagen,
para o russo, são os autores que maior número de observações fazem
nos sistemas de figuração da pronúncia que adotam e mais insistem nas
diferenças fonéticas das línguas em notas que se prolongam pelo rodapé
de várias páginas dos guias a propósito da pronúncia figurada. São vários
os momentos em que a transcrição suscita notas prescritivas do género
"Rappelez-vous toujours que les *n'* avec apostrophe doivent toujours
être prononcé comme doubles, pour éviter de son nasal" (Cumberworth
1843: 11) para a transcrição "sen'd" (ing. *send*), "*Eu* se prononcent
comme *eu* dans *feu*" (Wahl 1893: 5) para "keun'-enn" (al. *können*), ou
"*Gu*, prononcez comme *g* devant *a*" (Wahl 1893: 160) para "oum-gué-
guenn-de" (al. *Umgegend*) ou, ainda, uma observação de tipo pragmático
como "Dans la conversation, les russes n'emploient pas les expressions
Monsieur, Madame, Mademoiselle", a propósito do diálogo "Sur la santé"
(Stavenhagen 1892: 2).
    Ao invés, os sistemas figurados do espanhol, italiano e português
são apresentados de forma bastante mais simplificada, contando Lopes
(1893: v) e Rapelli (1888: v) com uma aludida menor dificuldade de

aprendizagem, no quadro de um público-alvo francês, e Soares da Silva (1891: v) com o único escolho dos ditongos nasais do português. A simplificação destes sistemas será ainda fruto de uma notação comum da pronúncia figurada em alguns símbolos, que parece resultar de posição concertada. Acontece com o processo de indicação do traço prosódico de sílaba acentuada nas três línguas românicas onde a posição do acento é livre. Os autores de *L'espagnol / L'italien / Le portugais tel qu'on le parle* explicam que marcam com "le signe (') la syllabe sur laquelle porte l'accent tonique" (Lopes 1893: ix; Rapelli 1888: ix; Silva 1891: viii)[1], quando outros gramáticos da época utilizaram processos diferentes para o mesmo fim. Já atrás se aludiu a que, na notação figurada de Paulino de Souza (1871: 2, n.1), "[l]e point placé sous les voyelles indique l'accent tonique du mot, c'est-à-dire, la syllabe sur laquelle ou doit appuyer". Noutro caso, ao nível do vocalismo, associa-se a realização muda de *e* francês – "cuando no lleva acento" (Lopes e Leroy s.d.: xi), por exemplo em final de palavra – ao uso de acento agudo na transcrição do espanhol e do italiano para indicar "qu'il n'y a pas d'*e* muet" nestas duas línguas (Lopes 1893: ix; Rapelli 1888: ix), ao contrário do francês (sobre o "*e* muet", cf. Martinet 1969: 209-219).

4.2.3 *Le portugais tel qu'on le parle* (1877), Soares da Silva

Já atrás avançada explicação para a escolha da língua russa num dos volumes da coleção "Conversations figurées", e sabendo-se do uso frequente das LE alemã, inglesa, italiana e espanhola, resta analisar a opção pelo português. Explicam-na os editores Truchy-Leroy (1881: v) ao invocarem o argumento linguístico da afinidade entre as línguas românicas: "(...) le rapprochement et la coïncidence frappante qui existent entre notre langue maternelle [francês] et celles qui comme elles dérivent de la même source: *du latin*". A par vem o argumento da dimensão do comércio internacional: "Le portugais, quoique moins répandu en France que les autres langues vivantes, se parle sur une immense étendue de l'Amérique du Sud, cet ardente foyer du commerce présent et à venir" (Truchy-Leroy 1881: vi).

Nestas razões, que figuram no prefácio de *Nouvelle méthode pratique de la langue portugaise* (1881), de Soares da Silva, mas que

---

[1] Na verdade, o diacrítico (') segue a sílaba acentuada.

podem ser extrapoladas, tida a gramática como complemento do guia de conversação (Truchy-Leroy 1881: v), não há grandes surpresas. De um lado, a relação genética com o francês num tempo histórico em que nascia o interesse pelo parentesco das línguas e em que a proximidade linguística entre membros da família românica era frequentemente invocada por gramáticos de PLE. De outro lado, a atração pelo português usado para fins comerciais, especificado, no caso, o espaço geográfico do Brasil, facto que, tendo o prefácio a assinatura dos editores, permite pensar que estaria também na mira o mercado livreiro no mundo lusófono.

Quer o Brasil, quer Portugal, com défice de casas editoras nacionais, constituíram importantes mercados para a indústria tipográfica francesa do século XIX. O mercado livreiro no Brasil foi assegurado essencialmente por editoras estrangeiras, em particular francesas, depois da independência do país (Lopes 2001). A casa Garnier (entre outras editoras francesas) estabeleceu-se no Rio de Janeiro em 1854, onde dominou o comércio do livro durante mais de cinquenta anos (Ramos 1972: 34; Cooper-Richet 2009). Já em relação a Portugal, Caeiro (1980: 147) refere que a "concentração de livreiros franceses (...) assinala-se por uma curva ascensional, que se acentua na segunda metade de Setecentos e se prolonga pelas décadas do século seguinte".

Percebe-se ainda que a Truchy-Leroy tinha uma política editorial para o português assente na complementaridade entre os manuais, enquanto estratégia de venda adequada à lógica do mercado livreiro das LE para permitir públicos diferentes ou, pelo menos, usos diferenciados. Como que para marcar a diferença entre tipos de manuais, teoria e prática são duas vertentes que os editores especificam estarem "scrupuleusement observées dans cet ouvrage", isto é, na *Nouvelle méthode pratique de la langue portugaise* (Truchy-Leroy 1881: viii), a qual, por sua vez, é um "complément à notre collection de méthodes pratiques pour l'étude des langues étrangères" (Truchy-Leroy 1881: v), isto é, no caso, *Le portugais tel qu'on le parle*. É mesmo de notar que "[l]a plupart des auteurs de grammaire ont écrit aussi des dialogues, ce qui montre bien que cet exercice faisait partie intégrante de l'enseignement du français" (Chevalier 1968: 404), o que é válido também para o português[1]. Quer

---

[1] Para além de Soares da Silva, destaca-se o nome de José da Fonseca, consagrado no contexto da escolarização de PLE. É um autor de referência no campo da gramática (veja-se a 2.ª edição da gramática de Siret, 1854) e da lexicografia bilingue (Verdelho 2011: 39-40; 46-48). Além disso, está ligado quer à autoria e coautoria de

isto dizer que o guia de conversação era um instrumento de ensino que contribuía em paralelo para fixar usos da língua.

O Quadro 4.3 apresentado adiante evidencia a estrutura do guia: observações de pronúncia (Silva 1891: vii-viii), locuções elementares (Silva 1891: 1-71), diálogos (Silva 1891: 73-222) e uma nomenclatura bilingue (Silva 1891: 223-271). Em todos estas partes, o texto está disposto em três colunas, com o francês à esquerda, o português no centro e à direita a pronúncia figurada do português (cf. ponto 3.1.3).

À data 1.ª edição de *Le portugais tel qu'on le parle* (1877), haviam já saído várias gramáticas de PLE com abordagens contrastivas da pronúncia em português e francês. Muito embora com predomínio da morfologia e de uma sintaxe normalmente em sincretismo com o estudo da forma[1], as gramáticas de PLE vindas a lume desde o princípio do século XVIII raramente ignoram matérias de grafia e pronúncia, que, na perspetiva do ensino de segundas línguas, eram descritas por semelhanças e divergências com outra(s) língua(s). Evidência desta abordagem contrastiva é a presença constante das expressões hiperonímicas "de même qu'en français", "comme en français", "contrairement à ce qui a lieu en français", "as the English", "pronounced as in English", considerando a globalidade do corpus gramatical de PLE dirigido aos públicos-alvo francófono e anglófono na cronologia dos séculos XVIII-XIX. Assim, as breves informações grafo-fonéticas de *Le portugais tel qu'on le parle não são senão uma amostra do ensino dos sons do português a aprendentes franceses, que um* número considerável de autores portugueses, brasileiros e franceses descreveu em gramáticas de português[2] publicadas

guias de conversação (Fonseca 1854, 1855), quer a um guia poliglota de correspondência familiar (Fries, Charlemagne, Crevel de, Bartholomé & Da Fonseca 1839).

[1] O estatuto da sintaxe na tradição da gramática ocidental tem sido estudado por Pierre Swiggers, para não citar senão uma das autoridades na matéria. Na antiguidade greco-latina, a sintaxe "entre par les interstices d'un édifice de nature essentiellement graphophonétique, morphologique et catégorielle" (Swiggers e Wouters 2003: 35), tal como em gramáticas quinhentistas de espanhol LE, "hay una presencia 'oblicua' de la sintaxis" (Swiggers 2006: 180).

[2] Nomeadamente, as gramáticas de Josué Rousseau (1705), a *Maître Portugais, ou Nouvelle Grammaire Portugaise et Françoise* (1799), de autor anónimo, as de Sébastian Geneviève Dubois (1806), Alexandre Marie Sané (1810), G. Hamonière (1820), Francisco Solano Constâncio (1832), Paulino de Souza (1871), Luís Simões da Fonseca (1880), Soares da Silva (1881), F. de Lencastre (1883), Raymond Foulché-Delbosc (1894), Carlos de Vasconcellos Bethencourt (1898).

maioritariamente em Paris e algumas delas por livreiros muito ativos na área lusófona (Irmãos Garnier, Jean-Pierre Aillaud, Bobée & Hingray). Em tais gramáticas, pouco variam, a não ser no desenvolvimento, os conteúdos de ortografia e prosódia: alfabeto (entre 26 e 24 letras, presentes ou não <k> e <w>), pronúncia de letras vocálicas e consonânticas, ditongos (incluindo os nasais) e acentuação; e pouco muda, inclusive, esta mesma sequência de apresentação das matérias[1].

A pronúncia do espanhol, italiano e português é apresentada de forma bastante simplificada, contando Lopes (1893: v) e Rapelli (1888: v) com uma aludida menor dificuldade de aprendizagem por parte do público-alvo francês, e Soares da Silva (1891: v) com o único escolho dos ditongos nasais: "La seule difficulté que présente la prononciation de la langue portugaise est dans les syllabes nasales". A descrição do sistema de vogais orais de Soares da Silva (1891: vii-viii) é a seguinte:

Letras	Descrição da pronúncia
<a>, representada por "A"	- "(...) se prononce comme en français" - Átono, em posição final, "il se fait à peine entendre"
<e>, representada por: - "E"	- "(...) se prononce comme é français en général" - Posição *á*tona final = "*e* muet français"
- "É"	- "(...) se prononce comme l'ê français"
- "Ê"	- "(...) se prononce comme l'é fermé français"
<i> e <y>, representados por "I" ou "Y"[2]	- "(...) se prononcent comme en français"
<o>, representado por "O"	- = "*au* français" - *o átono* final = "*ou* français"
<u>, representado por "U"	- = "*ou* français"

---

[1] À parte as obras baseadas em métodos didáticos específicos: o método de Franz Ahn (Lencastre 1883) ou o método gramática-tradução com foco nos exercícios de "thèmes" e "versions" (Bethencourt 1898).

[2] Como se sabe, a representação gráfica do fonema /i/ podia ocorrer através dos grafemas <i> e <y>.

Em posição átona final, a realização de *e* como [ə] e de *o* como [u] correspondem a pronúncia já atestada desde meados do século XVIII, tal o descrito pelo autor anónimo de *Maître Portugais, ou Nouvelle Grammaire Portugaise et Françoise* (1799: 10): "La lettre *e* (...) est, mais très-rare-ment, presque muette à la fin des mots comme dans *futilidade*, futilité, *amaste* seconde personne singulier du passé du verbe *amar*, tu aimas" e, linhas abaixo, "*O* surtout lorsqu'il est final ou qu'il derive de l'*o* final se prononce en général comme *ou* en François, ainsi *os* final se prononce presque comme *ous* ou plutôt se raproche très sensiblement de *ouch*".

Quanto ao quadro dos ditongos nasais do português, Soares da Silva (1891: viii) menciona o seguinte sistema, que é o da língua moderna:

– "*Am* et *ão*", que "se prononcent *un-ou* d'une seule émission de voix, et sans articuler l'*n*" (isto é, pronúncia [ẽw̃]).

– "*Õe* et *ões*", que "se prononcent *on-i* et *on-ich* sans articuler l'*n*, qui n'est là que pour communiquer à la syllabe le son nasal" (isto é, pronúncias [õj] e [õjʃ]).

– "*Ãe* et *ães*", que "se prononcent *an-i*, *an-ich*, sans articuler l'*n*" (isto é, pronúncias [ẽj] e [ẽjʃ]).

Em conformidade, é assim apresentada a pronúncia figurada dos três ditongos nasais:

– "Tem relações commerciaes com elle?" | "Té´in relaçon´ich comercia´ich con éle?" (Silva 1891: 17).

– "Já lá vão abaixo (...) tocam (...)" | "Jâ lâ vun´ou abâ´ïchou (...) to´cun-ou (...)" (Silva 1891: 22).

– "(...) não temos senão duas estações d'aqui lá" | "(...) nun´ou té´mouch senun´ou dou´ach ichtaçon´ich daqui´lâ. (Silva 1891: 99).

– "(...) atravessa o estreito de Magalhães (...)" | "(...) a travê´ssa ou ichtré´itou de Magallan´ich (...)" (Silva 1891: 119).

QUADRO 4.3: Índice de *Le portugais tel qu'on le parle* (1891), Soares da Silva

TABLE DES MATIÈRES

Préface.
Explications de la prononciation.

Locutions élémentaires.

Questions, demandes et prières en général.
Adresse, aller et venir.
Pour affirmer et pour nier
Reproches. – Excuses.
Informations. – Renseignements personnels.
Locutions usuelles dans une maison.
Avec un domestique
Emploi du temps.
Besoins naturels. – États accidentels.
Pertes. – Oublis d'objets.
L'heure. – Le temps.
État de l'atmosphère.
Pour acheter.
Termes de Banque, de Bourse et de Commerce.
A un enfant.
L'âge.
Remerciments [sic].

Dialogues.

Phrases de politesse.
En visite.
Pour prendre congé.
Le départ.
En chemin de fer.
En bateau à vapeur.
(*Pour louer un appartement ou une chambre.*)
Dans un hôtel.
Dans une maison garnie ou particulière.
Dans un restaurant.
(*En ville.*)

Promenade.
A la poste.
Télégraphie.
La Bourse. – La Banque.
Avec le changeur.
Curiosités du pays en général.
Au musée.
Dans un café.
Au billard.
Dans un établissement de bains.
Chez le Coiffeur.
Avec un Tailleur.
Chez le Cordonnier.
Avec un Chapelier.
Chez l'Horloger.
Avec une Blanchisseuse.
Au Théâtre.
Avec un Médecin.

Vocabulaire.

Nombres cardinaux, ordinaux, fractionnaires, etc.
Termes d'arithmétiques.
Jours de la semaine, mois, saisons. – Éléments.
Points cardinaux.
L'Atmosphère.
Pour manger et boire.
Principaux plats de la cuisine portugaise.
Boissons et liqueurs.
Objets utiles. – Outils, instruments.
Professions.
Les meubles.
Habits d'homme.
Habits de femme.
Objets de toilette et bijoux.
Les Jeux.
Réduction des monnaies portugaises.

4.3 Outras coleções

Coleção *Nouveau guide de conversations modernes*, da "Librairie Européenne de Baudry"

Uma outra coleção que envolve o português pertence a uma das mais importantes editoras estabelecida em Paris desde o princípio do século XIX e dedicada ao comércio do livro em língua estrangeira: a coleção "Nouveau guide de conversations modernes", da Livraria Europeia de Louis-Claude Baudry. A coleção é publicitada no periódico oficial *Bibliographie de la France: ou Journal général de l'imprimerie et de la librairie* (1843) da seguinte forma:

> [...] collection européenne de manuels et de *Guides de conversation moderne française, anglaise, allemande, italienne, espagnole, portugaise ...* avec toutes les combinaisons qui peuvent résulter de l'assemblage de ces différentes langues. Ces guides seront d'un format très portatif en caractères neufs et fondus exprès ; ils auront l'avantage, pour le texte, d'être moins diffuse, d'un caractère plus lisible [...] et surtout beaucoup meilleur marché que les ouvrages de ce genre, publiés jusqu'à présent (Cooper-Richet 2001: 127).

Em consonância com as características gerais do género, o baixo preço, o fácil manuseio/transporte, as qualidades tipográficas e a internacionalização da coleção são os atrativos invocados para potenciarem o alargamento de mercados a comerciantes, viajantes e académicos. Dizeres do anúncio *supra* e os mesmos móbiles reproduzem-se em folha de anterrosto de alguns dos guias da coleção: "Cette collection, d'un format élégant et portatif, se compose de l'assemblage de diverses langues réunies, deux ensemble, ou plusieurs en face les unes des autres" (Bellenger, Witcomb, Steuer, Zirardini, Pardal & Moura 1846).

Tal como vários outros livreiros/editores franceses do período da restauração, a casa editorial Louis-Claude Baudry "poursuivra la production et la commercialisation des livres en langues étrangères tout au long du XIXe siècle" (Cooper-Richet 2005: 198). Sobretudo depois de 1840, esta produção virou-se para o rentável mercado de livros e manuais escolares homologados para o ensino público de línguas estrangeiras. O volume de publicações da coleção mencionada e a persistência no tempo deixam supor o êxito da produção editorial, orientada para um mercado internacional. Em catálogos especializados *"pour l'étude des principales langues de l'Europe"* (Cooper-Richet 2001: 127) são divulgados dicionários, gramáticas, 'cours de thèmes et de versions' e os títulos da referida coleção, conhecida por "Nouveaux guides de conversations"[1] de William A. Bellenger *et al.*, variando estes "outros autores" conforme a (re)edição e conforme a combinação de línguas: Ramón Pardal, apresentado na *Biblioteca Virtual de la Filología Española*[2], para o espanhol; Giuseppe Zirardini (1813-1871) para o italiano; o brasileiro Caetano Lopes de Moura, mencionado no *Dicionário de Tradutores Literários no Brasil*, para o português; Isaac Marcus Calisch (1808-1884) para o neerlandês; Ignaz Steuer figura a título de "maître de langue allemande"; ou ainda, no caso de outra coleção, Adler Mesnard, "Maître de Conférence à l'École Normale Supérieure, Membre de l'Académie de Berlin".

Desta coleção foi identificado um extenso elenco de guias de conversação em "six langues", "quatre langues" e versões bilingues (Quadro 4.4, *infra*) de línguas românicas (francês, espanhol, italiano e português), germânicas (inglês, alemão, neerlandês, sueco e dinamarquês) e eslavas (russo e polaco) combinadas entre si. As combinações linguísticas evidenciam um predomínio do francês, inglês e alemão, as três línguas de base para os holandeses.

Se a variedade de línguas é grande e as combinatórias são muitas, já o conteúdo e a forma textual desta coleção mantêm-se em todas as

---

[1] Com pequenas variantes, o título é: *NOUVEAU GUIDE / DE CONVERSATIONS MODERNES / OU / DIALOGUES USUELS ET FAMILIERS / CONTENANT EN OUTRE / DE NOUVELLES CONVERSATIONS / sur les Voyages, les Chemins de fer, les Bateaux à vapeur, etc (...) / A L'USAGE DES VOYAGEURS / ET DES PERSONNES QUI SE LIVRENT A L'ÉTUDE DE L'UNE OU DE PLUSIEURS DE CES LANGUES.*

[2] "No sabemos nada de la vida de Ramón Pardal. Por el carácter de su obra y que se publicara fundamentalmente en Francia, cabe conjeturar que fuese uno de tantos emigrados a lo largo del siglo XIX. Bajo su nombre apareció en 1846 una *Nueva guía de conversaciones modernas en francés y español*, de la cual se publicaron varias versiones en las que aparece Pardal: en español e inglés debida a Charles (¿?-¿?) y Henry (¿?-¿?) Witcomb, que partía de la bilingüe en inglés y francés de William A. Bellenger (¿?-¿?), impresa en numerosas ocasiones, y otra en español e italiano debida a Giuseppe Zirardini (1813-1871) y Pardal". *Biblioteca Virtual de la Filología Española*, https://www.bvfe.es/autor/10390-pardal-ramon.html, consulta em agosto de 2019.

versões referidas (bilingues, quadrilingues e hexalingues), com adaptações ocasionais às línguas tratadas. O modelo do índice que se reproduz abaixo no Quadro 4.5 onde o francês só não é língua de entrada nas versões bilingues que combinam outros pares de línguas, confere unidade à coleção, cuja matéria textual pode ser organizada em conteúdos de tipo funcional, conteúdos gramaticais e lexicais.

Coleção *Le nouveau guide de la conversation (...) en trois parties*, do livreiro Théophile Barrois, Fils

Trata-se de uma extensa coleção bilingue da autoria de G. Hamonière, lançada pelo livreiro "Théophile Barrois, Fils" (e os sucessores "Bobée Hingray"), cujo período de atividade decorreu entre 1780 e 1830 (Quadro 4.6, *infra*). Note-se que o volume *A nova guia da conversaçaõ, em italiano, e portuguez, dividida em duas partes* (Hamonière 1840) já saiu em Lisboa (na tipografia Rolandiana) e, ao contrário dos anteriores, é constituído apenas por duas partes. Também ao contrário dos anteriores, este *A nova guia de conversação, em italiano, e portuguez, em duas partes* (1840, Lisboa) não apresenta a prévia "Advertencia" bilingue dos outros volumes, onde o autor esclarece o conteúdo do guia – "Vocabulario", "Dialogos appropriados ás usuaes precisões da vida" e "idiotismos, expressões familiares e provérbios que de ordinario se encontram na conversação" –, além de aspetos metodológicos. Com efeito, o autor esclarece que o vocabulário / nomenclatura[1] é apresentado em "differentes classes por ordem alphabetica segundo o francez" e os idiotismos visam "dar huma idea do genio particular de cada lingua" (Hamonière 1817: v-vi).

---

[1] No que respeita a esta parte do vocabulário, a mesma nomenclatura de 25 de temas repete-se em toda a série de guias de conversação, nas versões de inglês/francês (*Le nouveau guide de la conversation, en anglais et en français, en trois parties*, 1815, Paris), de espanhol/francês (*Le nouveau guide de la conversation, en espanhol et en français, en trois parties*, 1815, Paris), de português/francês (*Le nouveau guide de la conversation, en portugais et en français, en trois parties*, 1817, Paris), de italiano/francês (*Le nouveau guide de la conversation, en italien et en français, en trois parties*, 1818, Paris), de "brésilienne"/francês (*Le guide de la conversation brésilienne et française, en trois parties*, 1825, Rio de Janeiro), de italiano/português (*A nova guia de conversação, em italiano, e portuguez, em duas partes*, 1840, Lisboa); e foi também copiada em traduções e adaptações destes guias de Hamonière, como é o caso de *A new guide to conversation, in Spanish and English; in three parts* (1824, New-York), de Thomas Brady.

Coleção *Guides de la conversations à l'usage des voyageurs et des étudiants*, do livreiro Charles Hingray

O público-alvo desta coleção – viajantes e estudantes – é invocado numa "Advertencia do editor" / "Avis de l'editeur" / "Preface", que introduz todas as versões bilingues (port./ing.; fr./it.)[1], trilingues (fr./ing./it.)[2] e hexalingues (ing./al./fr./it./ esp./port)[3] conhecidas:

> A *Collecção Polyglota* que damos ao publico (...) oferece uma duplicada vantagem, que consiste em tornar mais fácil a linguagem familiar não só aos Estudantes mas aos Viajantes, por meio de Vocabularios, Dialogos, e Exercicios que em cada um destes volumes economicos se contèm. O Estudante, o viajante, o negociante, o artista, o politico, o homem de boa sociedade ahi encontrarão os termos e as frases usuaes da lingua que cada um d'elles falla. A utilidade d'este Guia será facilmente conhecida se se correr a taboa das materias. Novos Dialogos ahi *dão a nomenclatura dos termos empregados pelas novas comunicações por vapor, barcos de vapor e caminhos de ferro* (Roquete 1843).

Além das "Conversações", "Phrases elementares" e de uma nomenclatura muito completa, que cobre precisamente vários domínios semânticos relativos a "viajantes" ("Negocios mercantis", "Meios de communicação", "Meios de transporte", "Divisões geographicas", entre outros), esta coleção apresenta uma secção gramatical que é talvez das mais comprometidas em termos terminológicos e teóricos. Não é frequente encontrar-se nos índices de matérias um ponto de "Conjugações", como aqui acontece, que visa um tema gramatical enquanto conteúdo operacional independente. Acresce a referência às classes de palavras verbo, substantivo, adjetivo, às formas afirmativa e negativa de frase, e *à frase de* tipo interrogativo (Roquete 1843: 366):

CONJUGAÇÕES

Os verbos *ter* e *haver* conjugados com substantivos.
Afirmativamente.

---

[1] Cf., respetivamente, Roquete (1843) e Ronna (1840).

[2] Cf. Smith & Ronna (1840).

[3] Cf. Smith, Adler-Mesnard, Ronna & Roquette (1843).

Negativamente
Interrogativamente.
O verbo *ser* e *estar* conjugado com substantivos, adjectivos
e participios. *Afirmativamente*
Negativamente
Interrogativamente
Verbos activos. *Afirmativamente*
Verbos activ. *Negativamente* e *Interrogativamente.*

Mas mais do que tudo isto, deve atender-se ao tema do vocabulário
ou nomenclatura "Elementos da linguagem" (Quadro 4.7, *infra*), com
mais de uma centena de entradas do domínio da gramática da língua,
claramente dirigidas ao estudante ou a uma população letrada e com-
petente ao nível da metalinguagem e da reflexão sobre o uso da língua.
É mais natural e próprio de uma gramática normativa, quer o elenco
tão extenso de terminologia gramatical, que toca os níveis ortográfico,
morfológico, sintático e mesmo estilístico, quer a organização da mesma
terminologia em entradas e subentradas que desenvolvem determinado
conceito gramatical (Roquete 1843: 99-101). Assim, por exemplo, a
entrada "O acento" discrimina *agudo*, *grave* e *circunflexo*; o modo verbal aparece nas formas *indicativo*, *imperativo*, *conjuntivo* e *infinitivo*;
o "nome" é classificado em *próprio*, *comum* e *coletivo*; o "pronome"
apresenta sete tipos; o "verbo" divide-se nas subentradas *ativo*, *passivo*,
neutro, *auxiliar*, *impessoal*, *regular*, *irregular* e *defetivo*.

Coleção *Manuel du Voyageur*, de Madame de Genlis

O percurso dos vários manuais desta coleção, desde a sua 1.ª
edição bilingue às versões poliglotas (de três, quatro e seis línguas), é
traçado pela autora em "Advertencia" que evidencia a popularidade do
manual em vários países, onde foi (re)editado.

ADVERTENCIA DO AUTOR

Esta obra que se publicou pela primeira em Berlim hà onze annos, o foi
entaõ somente em duas lingoas a franceza e a alemaã. Foi logo adoptada em
todas as escolas em que se ensinava o francez, e o credito que adquirio, e a sahida
prodigiosa que teve, moveraõ algûs especuladores estrangeiros despois da volta

do seu autor para França a darem sem sua participação huã nova edição da obra em quatro lingoas, acrecentando o italiano e o inglez ao francez e alemaõ. O autor que naõ tinha feito reimprimir este livro em França, determinouse porfim a dar ao publico esta nova edição, acrecentandolhe mais duas lingoas, o castelhano e o portuguez, e doze novos diálogos (Madame de Genlis 1810: i).

Tanto quanto se pôde apurar sobre a tradição editorial (Sáez rivera 2005: 793) do manual, depois da edição de *Manuel du Voyageur (...) à l'usage des Français en Allemagne et des Allemands en France* (1799, Berlim), sucederam-se as publicações em Breslávia (1807), França (1810), Londres (1816, 1817) e Florença (1829), com o alargamento progressivo aos idiomas polaco, italiano, inglês, espanhol, português e russo. Das versões hexalingues que integram a língua portuguesa (além das alemã, inglesa, francesa, italiana e espanhola)[1], conhecem-se a edição *Manuel du voyageur, or, The traveller's pocket companion: in six languages, consisting of familiar conversations in English, German, French, Italian, Spanish, and Portuguese, together with models of letters, notes, etc.* (1816, Londres) e, publicada seis anos antes, a ediação francesa da livraria de Charles Barrois (1810). Diálogos, "cartas e bilhetes compostos para todos os estados e todas as situações" e léxico são aqui as estratégias usadas para servir ao estudo das línguas vivas (Genlis 1810: [2]).

Como afirma Cirillo (1995: 105), levando em conta este guia de conversação e a obra da autora, original no campo educacional, "[s]i l'on ne peut parler d'une véritable réflexion didactique de Mme de Genlis quant à l'apprentissage des langues étrangères, elle est toutefois très sensible à ce problème".

---

[1] Nas edições de seis línguas, o português alterna com o russo.

QUADRO 4.4: Edições bilingues e plurilingues da coleção *Nouveau guide de conversations modernes*, de "Baudry, Librairie Européenne"

	Nouveau guide de conversations modernes ou dialogues usuels et familiers contenant en outre de nouvelles conversations sur les voyages, les chemins de fer, les bateaux à vapeur, etc.
Versões hexalingues	fr. / ing. / al. / it. / esp. / port. (1846, 1849, 1851, 1853, 1855, 1861, 1875, 1879), de William A. Bellenger, Henry Witcomb, Steuer, Giuseppe Zirardini, Ramón Pardal & Caetano Lopes de Moura. fr. / ing. / al. / rus. / pol. / sue. (1854), de William A. Bellenger, Henry Witcomb, August Boltz, Karol Forster, Fischer & Lipmanson. fr. / it. /ing. /al. /rus. /pol. (1864, 1878), de Bellenger, Fabrucci, Witcomb, Fischer, Forster & Boltz. fr. / esp. / ing. / al. / hol. / dinam. (1863, 1883, 1886).
Versões quadrilingues	fr. / it. / esp. / port. (1846, 1851, 1853, 1855, 1857, 1861, 1864, 1867, 1875), de William A. Bellenger, Giuseppe Zirardini, Ramón Pardal & Caetano Lopes de Moura. fr. / ing. / al. / it. (1850, 1851, 1877), de Bellenger, Witcomb, Fischer, Fabbrucci & Charles Marelle. hol. / al. / ing. / fr. (1875), de Bellenger *et al.* rus. / fr. / ing. / al. (1883), de Boltz, Bellenger, Whitcom & Fischer.

Maria do Céu Fonseca

Versões bilingues	fr. / port. (1846), de Caetano Lopes de Moura.
	fr. / ing (1847, 1861, 1875), de William A. Bellenger.
	ing. / esp. (1851, 1853, 1857, 1859), de Charles e Henry Witcomb.
	fr. / al. (1857, 1881), de Bellenger, L. Schlesinger & Fischer, Steuer.
	fr. / esp. (1864, 1869, 1882, 1891, 1898), de William A. Bellenger, Ramón Pardal, Henry Witcomb & Charles Bouret.
	hol. / ing. (1868), de Calisch & Wtcomb [sic].
	it. / ing. (1887), de Witcomb.
	ing. / al. (s.d.), de Witcomb & Fischer
	ing. / it. (1858)

QUADRO 4.5: Índice de *Nouveau guide de conversations modernes en français et en portugais pour l'usage des Voyageurs et de ceux qui se livrent à l'étude des deux langues* (1846), Caetano Lopes de Moura

TABLE

Préface
Le verbe *avoir*,
– conjugué avec interrogation.
– conjugué avec négation.
– conjugué avec négation et interrogation.

Le verbe être.

– conjugué avec négation et interrogation.

Les verbes en général.
Nombres cardinaux.
Nombres ordinaux.
Fractions.
Nombres multiples.
Les saisons.
Les mois.
Les jours de la semaine.
Fêtes.

PREMIÈRE PARTIE.
PHRASES ÉLÉMENTAIRES.
Rencontre.
Départ.
Demander et remercier.
Affirmer et nier.
Expressions de surprise.
La probabilité.
L'affliction.
Le reproche.
La probabilité.
L'affliction.
Le reproche.

La colère.
La joie.
Consultation.
Boire et manger.
Nouvelles.
Aller et venir.
Faire des questions et répondre.
L'âge.
L'heure.
Le temps.

DEUXIÈME PARTIE.
DIALOGUES FACILES.
I. La salutation.
II. La visite.
III. Le déjeuner.
IV. Avant le diner.
V. Le diner.
VI. A table.
VII. Même sujet.
VIII. Même sujet.
IX. Même sujet.
X. Le thé.
XI. Même sujet.
XII. Même sujet.
XIII. Le souper.
XIV. Boire.
XV. La pension.
XVI. Même sujet.
XVII. Dans la classe. XVIII. Tailler une plume.
XIX. Le même.
XX. Écrire une lettre.
XXI. Acheter.
XXII. Ordre pour le diner.
XXIII. Le poisson.
XXIV. La montre.

QUADRO 4.6: Edições da coleção bilingue *Le nouveau guide de la conversation (...) en trois parties*, do livreiro Théophile Barrois, Fils

	Le nouveau guide de la conversation (...) en trois parties, Hamonière
Versões bilingues	ing. / fr. (1815, 1818, 1824) esp. / fr. (1815, 1823, 1835) port. / fr. (1817, 1827) it. / fr. (1818, 1828) esp. / ing. (1824) "brésilienne" / fr. (1825, Rio de Janeiro, Pierre Plancher) it. / port. (1840, Lisboa, Typographia Rollandiana)

QUADRO 4.7: Nomenclatura "Elementos da linguagem" do *Guia da conversação Portuguez-Inglez, para uso dos viajantes e dos estudantes* (1843), José Inácio Roquete

Elementos da linguagem

O accento.
    Um accento agudo.
    Um accento grave.
    Um accento circumflexo.
    Accentuar, *a*
Uma ligação.
A concordancia.
    Concordar, *n*
Um adjectivo.
Um adverbio.
Uma affirmação.
    Affirmativo, a.
    Affirmar, *a.*
Um viraccento.
Um artigo.
    O artigo definito.
    O artigo indefinito.
Q attributo.
Um caso.
O comparativo.
Uma conjuncção.
Uma consoante.
Um derivado.
    Derivar, *n.*
Um diphthongo.
Um dissyilabo.
Uma expressao.
    Expressar-se, *r.*
O genero.
    O masculino
    O feminino.
    O neutro.
Virgulinhas á margem.
Um idiotismo.
Uma interjeição.
Uma interrogação.
    Interrogativo, i.
    Interrogar, *a.*
Uma lettra.
    Uma maiuscula.

Uma minuscula.
Um modo.
    O indicativo.
    O imperativo.

    O subjunctivo.
    O infinito.
Um monosyllabo.
Uma palavra.
Uma negação.
    Negativo, a.
Um nome.
    Um nome proprio.
    Um nome commun
    Um nome collectivo.
O numero.
    O singular.
    O plural.
Um parenthesis.
Um participio.
    O participio presente.
    O participio passado.
Um periodo.
Uma pessoa.
Uma phrase.
    Um membro de phrase.
Um ponto.
Um ponto d'exclamagão.
Um ponto d'interrogação.
Dous pontos.
Ponto e virgula.
Um polysyllabo.
A ponctuação.
    Ponctuar, *a.*
O positivo.
Uma preposição.
Um pronome.
    Um pronome demonstrativo.
    Um pronome distributivo.
    Um pronome indifinito.
    Um pronome interrogativo.

Um pronome pessoal.
Um pronome possessivo.
Um pronome relativo.
A quantidade.
Uma raiz.
O regime.
Uma regra grammatical.
Uma rima.
Rimar, *n.*
Um substantivo.
O sujeito.
O superlativo.
Uma syllaba.
Uma syllaba longa.
Uma syllaba breve.
A syntaxe.
Um tempo.
O presente.
O imperfeito.
O perfeito.
O plusquamperfeito.
O futuro.
Um rasgo, ou risca.
Um risca d'união
Um triphthongo.
Um verbo.
Um verbo activo.
Um verbo passivo.
Um verbo neutro.
Um verbo auxiliar.
Um verbo impessoal.
Um verbo regular.
Um verbo irregular.
Um verbo defectivo.
A versificacão.
Uma virgula.
Uma vogal.

Conclusão

O que se apresentou nesta introdução geral aos guias de conversação respeitantes à língua portuguesa não é, na verdade, *o essencial sobre...* que o público português está habituado a encontrar nos volumes da coleção "O Essencial sobre Língua Portuguesa", da Editora Caminho. Contrastando com a essencialidade destes, está o carácter genérico do trabalho que se apresenta, porventura inevitável num quadro de reflexão que, do ponto de vista historiográfico, tem ficado de remissa.

Salta à vista a presença de vários guias de conversação em volumes da *Bibliografía cronológica de la lingüística, la gramática y la lexicografía del español* (Hans-Josef Niederehe, E. F. K. Koerner, Miguel Ángel Esparza Torres; 1994, 1999, 2005, 2012, 2015), conhecida por obra de referência para os estudos históricos e historiográficos do espanhol, a qual reúne grande quantidade de materiais linguísticos onde o espanhol aparece como língua objeto de estudo ou metalíngua. Ora, estarem recenseados guias de conversação de Ch. Witcomb, Ramón Pardal, Hamonière, William A. Bellenger e outros nos volumes IV (1801-1860) e V (1861-1899) confere a estes instrumentos um papel na história das ideias gramaticais e lexicográficas de uma língua.

Orientados para o ensino de línguas segundas, procurou-se evidenciar tal papel para PLE, começando pelo apuramento de fontes (muitas disponíveis *online*) para constituir um provisório *corpus* paralelo ao de gramáticas de PLE, ambos complementares entre si. Estarem estes *corpora*, além de estabelecidos, já bastante estudados noutras línguas europeias (vejam-se o portal *Contrastiva,* http://www.contrastiva.it, o *Warwick ELT Archive,* http://www.warwick.ac.uk/elt_archive e o site http://www.sihfles.org.,

"Documents pour l'histoire du français langue étrangère ou seconde"), permitiu analisar identidades e diferenças relativamente ao quadro de PLE.

Como instrumentos típicos do ensino de LE, os guias de conversação são herdeiros da tradição textual dos diálogos escolares usados para a prática das línguas vulgares, retomados os conteúdos relativos a diálogos, reportórios lexicais, vocabulários temáticos (nomenclaturas)

e apontamentos de pronúncia. No caso de PLE, estes conteúdos estão genericamente plasmados nas 21 edições do manual *Colloquia et dictionariolum* (1530), do flamengo Noël de Berlaimont, que, ao longo de todo o século XVII, incluiu o português no confronto plurilingue. Ao mesmo tempo em que é publicada a *Arte da Grammatica da Lingua Portugueza* (Lisboa, 1770) de António José dos Reis Lobato, assiste-se ao crescimento da reflexão teórica e normativa sobre o ensino de línguas estrangeiras (sobretudo inglês, francês e italiano). Neste contexto de finais do século XVIII, caracterizado por reformas educativas, pela promoção da aprendizagem de línguas estrangeiras e pela consolidação de métodos para o ensino de LE, começa a difundir-se uma produção editorial, quer de gramáticas de PLE, quer de guias de conversação que incluem o português no confronto bi- e plurilingue, tendo essa produção atingido o seu pico no século XIX, período de correntes científicas (histórico-comparativas) que conduziram a um desenvolvimento do interesse filológico. Estes modernos guias de conversação evidenciam também uma modernidade ao nível da adaptação pragmática de conteúdos, assim como um desenvolvimento de matérias gramaticais, com destaque da conjugação verbal.

Bibliografia

I. Fontes primárias

Andree, R. John (1725). *A vocabulary in six languages; viz. English, Latin, Italian, French, Spanish, and Portugues, after a new method, to shew the dependance* [sic] *of the four last upon the Latin, and their mutual analogy to each other. With proper rules for their several pronunciations; and a dissertation upon their origin, change, and mixture; besides many other advantages, not to be met with in common dictionaries and vocabularies. To which is annexed a brief dissertation upon Pleasure and Pain.* London: P. Vaillant and Meadow.

Bellenger, Witcomb, Steuer & Zirardini (1850). *Nouveau guide de conversations modernes ou dialogues usuels et familiers contenant en outres de nouvelles conversations sur les Voyages, les Chemins de fer, les Bateaux à vapeur, etc. en quatre langues, français, anglais, allemand, italien.* Paris: Baudry, Librarie Européenne.

Bellenger, W. A., Witcomb, Steuer, Zirardini, Pardal et Moura (1846). *Nouveau Guide de Conversations Modernes ou Dialogues Usuels et Familiers Contenant en Outre de Nouvelles Conversations sur les Voyages, les Chemins de fer, les Bateaux à vapeur, etc en Six Langues français - anglais - allemand - italien - espagnol - portugais (...).* Paris: Baudry, Librairie Européenne.

Berlaimont, Noël (1662[1530]). *Dictionariolum et colloquia octo linguarum, Latinae, Gallicae, Belgicae, Italicae, Anglicae, & Portugallicae.* Antuerpia: Apud Henricum Aertsens.

Bethencourt, Carlos de Vasconcellos (1898). *Grammaire Portugaise Pratique.* Paris: Boyveau & Chevillet, Librairie Étrangère.

Blondin, J[ean] N[oël] (1826[1811]). *Grammaire polyglotte, française, latine, italienne, espagnole, portugaise et anglaise; dans laquelle ces diverses langues sont considérées sous ler apport du mécanisme et de l'analogie propres à chacune d'elles.* Chez Brianchon, Libraire: Paris.

Bohn, Henry G[eorge] (1857). *A polyglot of foreign proverbs comprising French, Italian, German, Dutch, Spanish, Portuguese, and Danish, with English translation*. London: Covent Garden.

Clifton, [C. Ebenezer], Vitali, G[iovanni], Ebeling, [Friedrich Wilhelm], Bustamante, [Francisco Corona] & Duarte, [Pedro Carolino] (1859). *Manuel de la conversation et du style épistolaire à l'usage des voyageurs et d ela jeunesse des écoles en six langues français-anglais-allemand-italien-espagnol-portugais*. Paris: Garnier Frères.

Constâncio, F[rancisco] S[olano] (1832). *Nouvelle Grammaire Portugaise, à l'usage des français, divisée en six parties*. Paris / Rio de Janeiro : Chez J.-P. Aillaud, Libraire / Chez Souza, Laemmert et Cie.

Cumberworth (1843). *L'anglais tel qu'on le parle, / ou / Recueil de conversations anglaises et françaises / Avec la prononciation anglaise / Figurée par des sons français ; / A l'usage des Français qui vont à Londres*. Librairie Française et Anglaise de J. H. Truchy.

Duarte, [Pedro Carolino] (1856). *Manual da conversação e do estylo epistolar para o uso dos viajantes e da mocidade das escolas. Portuguez-Francez*. Paris: Garnier Irmãos, Livreiros-Editores.

Dubois, Abbé [Sébastian Geneviève] (1806). *Grammaire Portugaise ou méthode abrégée pour faciliter l'étude de cette langue*. Angers : De L'imprimerie des Frères Mame.

Feraud, F. G. (1812). *A vocabulary and dialogues, in three languages, English, Spanish, and Portuguese, on subjects adapted to general use, as well as to military and naval affairs (...): to which is added, an index of the Portuguese regular and irregular conjugations*. London: T. Boosey.

Fonseca, José da (1854). *Le nouveau guide de la conversation en français et portugais, en deux parties*. Paris: Ve J.-P. Aillaud, Monlon e Ce, Libraires de leurs Majestés l'Empereur du Brésil et la Reine de Portugal.

Fonseca, José da & Carolino [Duarte], Pedro (1855). *O novo guia da conversação, em Portuguez e Inglez, ou escolha de dialogos familiares sôbre varios assuntos*. Paris: J.-P. Aillaud, Monlon e C.ª. livreiros de suas Magestades o Imperador do Brasil e el Rei de Portugal.

Fonseca, Simões da (s.d.). *Nouveau vocabulaire contenant tous les mots usuels avec leur pronunciation figurée, Français--Portugais*. Paris: Garnier Frères, Libraires-Éditeurs.

Fonseca, Luís Simões da (1880). *Abrégé de la grammaire portugaise de P. de Souza avec un cours gradué de thèmes*. Paris: Libraire Garnier Frères.

Foulché-Delbosc, R[aymond] (1894). *Abrégé de grammaire portugaise*. Paris : Librairie Guillard, Aillaud & Cie.

Fries, Charlemagne, Crevel de, Bartholomé & Da Fonseca (1839). *Art de la correspondance familière et commerciale en six langues: français, anglais, italien, allemand, espagnol et portugais*. Paris: Chez Thiériot, Libraire.

Genlis, Madame de [Stéphanie Félicité] (1810). *Manuel du voyageur, en six langues: Anglaise, Allemande, Française, Italienne, Espagnole et Portugaise*. Paris: Chez Charles Barrois Libraire.

Hamonière, G. (1815). *Le nouveau guide de la conversation, en espagnol et en français, en trois parties*. Paris : Chez Théophile Barrois fils, Libraire pour les langues étrangères vivantes.

Hamonière, G. (1815). *Le nouveau guide de la conversation, en anglais et en français, en trois parties*. Paris : Chez Théophile Barrois fils, Libraire pour les langues étrangères vivantes.

Hamonière, G. (1817) *Le nouveau guide de la conversation, en portugais et en français, en trois parties*. Paris : Chez Théophile Barrois fils, Libraire pour langues étrangères vivantes.

Hamonière, G. (1820). *Grammaire Portugaise, divisée en quatre parties*. Paris : Bobée et Hingray.

Hamonière, G. (1825). *Le guide de la conversation brésilienne et française, en trois parties*. A Rio de Janeiro: Chez Pierre Plancher.

Hamonière, G. (1840). *A nova guia da conversaçaõ, em italiano, e portuguez, dividida em duas partes: A primeira contendo hum vocabulário de palavras usuaes por ordem alfabética. A segunda, sessenta diálogos sobre differentes objectos*. Lisboa: Na typographia Rollandiana.

Jiménez Páton, Bartolomé (1614). *Institvciones de la gramatica española*. Maeza: Pedro de la Cuesta.

Junius, Hadrianus (31583[1567]). *Nomenclator, omnium rerum propria nomina variis lingvis explicata indicans*. Antuerpiae:

Officina Christophori Plantini.

La Mollière [Monsieur de] (1662). *A Portuguez Grammar: or, rules shewing the true and perfect way to learn the said language. Newly collected in English, and French, for the use of each nation that desire to learn the same.* Londres: Da. Maxwel.

Lencastre, F. [Salles] de (1883). *Nouvelle méthode pratique et facile pour apprendre la langue portugaise composée d'après les principes de F. Ahn.* Leipzig : F. A. Brockhaus.

Luna, I. (1621[1619]). *Diálogos familiares, en los qvales se contienen los discursos, modos de hablar, proberuios, y palabras españolas mas comunes: muy vtiles, y prouechosos, para los que quieren aprender la lengua Castellana.* Paris: Samvel Thibovst.

Lopes, José M. (1864). *Nueva correspondencia comercial española, que contiene la definición y explicación del lenguage comercial y económico.* Paris: J. H. Truchy.

Lopes, José M. (1893[1867]). *L'espagnol tel qu'on le parle / ou / Recueil de conversations espagnoles et françaises / Avec la prononciation espagnole / Figurée par des sons français / A l'usage des Français qui vont en Espagne.* Paris : Librairie Française et Anglaise de J.-H. Truchy Ch. Leroy, successeur.

Lopes, José M. e A. Leroy (1889). *El francés tal como se habla / ó / Coleccion de conversaciones francesas y españolas / Con la pronunciacion francesa / Figurada con sonidos españoles / Para uso de los españoles y americanos que vienen a França.* Paris : Libreria Francesa é Inglesa de J.-H. Truchy Leroy, hermanos, sucesores.

[Anónimo] (1799). *Maître Portugais, ou Nouvelle Grammaire Portugaise et Françoise, composée d'après les meilleures grammaires, et particulièrement sur la Portugaise et Angloise d'Antoine Vieyra Transtagano, maître des Langues Portugaise, et Italienne, et arrangée de manière à pouvoir servir aux François qui désirent apprendre le Portugais.* Lisbonne : Simon Thadde'e Ferreira.

Maupas, Charles (1973[1607]). *Grammaire et syntaxe françoise, contenant reigles bien exactes & certaines de la prononciation, orthographe, construction & usage de nostre langue, en faveur des estrangiers qui en sont desireux.* Facsímile da edição de 1618. Genève : Slatkine Reprints.

Meldola, A. (1785). *Nova grammatica portugueza dividida em VI partes. Neue Portugiesische Grammatik in sechs Theilen.* Hamburgo: Officina de M. C. Bock.

Monteverde, Emílio Aquiles (31842). *Collecção de phrases e dialogos familiares uteis aos portuguezes, francezes e inglezes ou exercicios para a conversação portugueza, franceza e ingleza.* Lisboa: Na Imprensa Nacional.

[Montmignon, Jean-Baptiste] Abbé (1785). *Système de Prononciation figurée applicable à toutes les langues, et exécuté sur les Langues Françoise & Angloise.* Paris : Chez Royez, Libraire.

Moura, Dr. Caetano Lopes de (1846). *Nouveau guide de conversations modernes en français et en portugais pour l'usage des Voyageurs et de ceux qui se livrent à l'étude des deux langues. Nouvelle* édition *revue, corrigée et augmentée de dialogues / Novo guia de conversação á moderna em francez e em portuguez para o uso dos que viajaõ e daqueles que se applicaõ ao estudo d'ambas estas línguas. Nova edição revista, corrigida, e augmentada com diálogos sobre.* Paris: Baudry, Librairie Européenne.

Nebrija, Antonio de (1989[1492]). *Gramática de la lengua castellana.* Estudio y edición de Antonio Quilis. Madrid: Editorial Centro de Estudios Ramón Areces.

Rapelli, C. I. (1888[1868]). *L'italien tel qu'on le parle ou Recueil de conversations italiennes et françaises avec la prononciation italienne figurée par des sons français. A l'usage des Français qui vont en Italie.* Paris : Librairie Française et Anglaise de J.-H. Truchy Ch. Leroy, successeur.

Roboredo, Amaro de (2007[1619]). *Methodo grammatical para todas as linguas.* Edição facsimilada. Prefácio e estudo introdutório de Carlos Assunção e Gonçalo Fernandes. Vila Real: Centro de Estudos em Letras / Universidade de Trás-os-Montes e Alto Douro.

Ronna, A. (1840). *Guide de la conversation français-italien, à l'usage des Voyageurs et des Etudiants.* Paris: Charles Hingray.

Roquete, José Inácio (1843). *Guia da conversação Portuguez-Inglez, para uso dos viajantes e dos estudantes.* Paris: Carlos Hingray.

Rousseau, Josué (1705). *Ensayo da arte grammatical portugueza, e franceza, para aquelles, que sabendo a língua francéza,* querem aprender a portuguéza. / *Essai de la grammaire Portugaize & Françoize, envers ceux, qui sachants la Françoize, veulent apprendre la portugaise*. Lisboa: na Officina de Antonio Pedrozo Galram.

Sané, Alexandre Marie (1810). *Nouvelle grammaire portugaise, suivie de plusieurs essais de traduction française interlinéaire, et de différents morceaux de prose et de poésie. Extraits de meilleurs classiques portugais*. Paris: Chez Cérioux Jeune, Nicole Libraire, Cussac Imprimeur-Libraire.

Silva, Soares da (1881). *Nouvelle méthode pratique de langue portugaise, renfermant des exercices simplifiés sur les règles de la grammaire, suivis d'un dictionnaire portugais-français de tous les mots employés dans l'ouvrage*. Paris : Librairie Française et Anglaise de J.-H. Truchy, Leroy Frères, successeurs.

Silva, Soares da (1891[1877]). *Le portugais tel qu'on le parle ou recueil de conversations portugaises et françaises avec la prononciation portugaise figurée par des sons français. A l'usage des Français qui vont en Portugal*. Paris: Librairie Française et Anglaise de J.-H. Truchy.

Siret, L[ouis]-P[ierre] (21854[]1801). *Grammaire Portugaise de L.-P. Siret, augmentée d'une phraséologie et de plusieurs morceaux en prose et en verse, extraits de écrivains portugais et français les plus estimés, avec le texte en regard, par Joseph da Fonseca*. Paris : J. P. Aillaud, Monlon et Cie.

Smith, Lelon, Adler-Mesnard, Ronna, Ochoa & Roquette (1843). *Guide to English, German, French, Italian, Spanish and Portuguese conversation for the use of travelers and students*. Paris: Charles Hingray.

Smith & Ronna (1849). *Guide de la conversation français, anglais, italien à l'usage des Voyageurs et des Etudiants*. Paris: Ch. Hingray.

Souza, Paulino de (1871). *Grammaire portugaise raisonnée et simplifiée*. Paris: Garnier Frères, Libraires-Éditeurs.

Stavenhagen, Wladimir (1892). *Le russe tel qu'on le parle ou recueil de conversations russes et françaises avec la prononciation russe figurée par des sons français. A l'usage des Français qui vont em Russie*. Paris: A la Librairie Française et Anglaise de J.-H. Truchy, Ch. Leroy, successeur.

Stepney, William (1591). *The Spanish schoole-master*. London: R. Field for Ihon Harison.

Truchy, J. H. (1864). Introduccion. In: José M. Lopes, *Nueva correspondencia comercial española, que contiene la definición y explicación del lenguage comercial y económico*. Paris: J. H. Truchy, pp. 1-9.

Truchy, J. H. & Leroy Frères (1881). Préface. In: Sores da Silva, *Nouvelle méthode pratique de langue portugaise, renfermant des exercices simplifiés sur les règles de la grammaire, suivis d'un dictionnaire portugais-français de tous les mots employés dans l'ouvrage*. Paris: J. H. Truchy, pp. v-vii.

Vieira, António (1768). *A New Portuguese Grammar in four parts*. London: Printed for J. Nourse.

[Anónimo] (1878). *Vocabulaire Européen. Six langues, par Abc (...) français, anglais, allemand, espagnol, italien, portugais (...)*. Paris: Catrony.

Wahl, A. (1845). *L'allemand tel qu'on le parle ou recueil de conversations allemandes et françaises avec la prononciation allemande figurée par des sons français. A l'usage des Français qui vont en Allemagne*. Paris : Librairie Française et Anglaise de J.-H. Truchy Ch. Leroy, successeur.

II. Fontes secundárias

Acero Durántez, Isabel (1992). En torno a la historia de la lexicografia española: el «Nomenclátor» de Hadrianus Junius. *Voces* III, 109-116.

Adon, Jean-Philippe, Soulié, Muriel, Tournerie, Sarah & Faure, Chantal (2003). *Catalogues de libraires et d'éditeurs, 1811-1924: inventaire*. Bibliothèque nationale de France.

Almeida, A. A. Marques de (dir.) (2009). *Dicionário histórico dos sefarditas portugueses. Mercadores e gente de trato*. Lisboa: Campo da Comunicação.

Alvar Ezquerra, Manuel (2013). *Las Nomenclaturas del español. Siglos XV-XIX*. Madrid: Liceus.

Andrade, António Alberto Banha de (1981). *A reforma pombalina dos estudos secundários (1759-1771)*. 2.º volume (Documentação). Coimbra: Coimbra Editora.

Andrés Renales, Gabriel (1994). Los coloquios de Barlaimont: un género-modelo para la proyección del español en Europa desde el siglo XVI. *Salina* 8, pp. 33-36.

Ayala Castro, Marta Concepción (1990). El concepto de nomenclatura. *Actas del IV Congreso Internacional EURALEX'90*, 437-444.

Aquilino Sánchez (1987-1989). Libro muy prouechoso para saber la manera de leer, escrevir y hablar angleis, y español. De los primeros libros de diálogos y conversación para aprender lenguas vulgares. *Estudios románicos* 5, pp. 1265-1282.

Auroux, Sylvain (1994). *La révolution technologique de la grammatisation*. Paris: Pierre Mardaga.

Auroux, Sylvain (1998). Les enjeux de la linguistique de terrain. *Langages* 129, 89-96.

Auroux, Sylvain et Calvet, J. (1973). De la phonétique à l'apprentissage de la lecture. La théorie des sons du langage au XVIIIe. siécle. *Linguistique* 9/1. Presses Universitaires de France, 71-88.

Barros, João de (1971[1540]). *Gramática da língua portuguesa, Cartilha, Diálogo em louvor da nossa linguagem, Diálogo da viciosa vergonha*. Reprodução fac-similada, leitura introdução e anotações por Maria Leonor Carvalhão Buescu. Lisboa: Faculdade de Letras da Universidade de lisboa.

Besse, M. Henri (2001). Comenius et sa "méthode d'enseignement graduée". *Langue Française* 131, pp. 7-22.

Bibliographie de la France : ou Journal Général de l'Imprimerie et de la Librairie, n. 26, Juillet 1893, em linha : https://gallica.bnf.fr/ark:/12148/cb34348270x/date

Biblioteca Virtual de la Filología Española (BVFE), em linha: https://www.bvfe.es

Caeiro, Francisco da Gama (1980). Livros e livreiros franceses em Lisboa, nos finais de setecentos e no primeiro quartel do século XIX. Separata de *Boletim da Biblioteca da Universidade de Coimbra* 35, 139-167

Caravolas, Jean A. (2000). *Histoire de la didactique des langues au siècle des Lumières. Précis et anthologie thématique*. Montréal / Tübingen: Les Presses de l'Université de Montréal.

Charlet-Mesdjian, B. & Charlet, J.-L. (2011). Une méthode *Assimil* pour apprendre le latin à l'époque humaniste : les *Colloquia* dérivés du *Vocabulare* de Noël de Berlaimont. *Rursus* 6. Disponível em https://journals.openedition.org/rursus/495

Chevalier, Jean-Claude (1968). *Histoire de la syntaxe. Naissance de la notion de complément dans la grammaire française (1530-1750)*. Genève: Librairie Droz.

Cirillo, Valeria De Gregorio (1995). Comment apprendre une langue : les propositions méthodologiques de Madame de Genlis. In : Christ, Herbert & Hassler, Gerda (éds.), *Regards sur l'histoire de l'enseignement des langues étrangères*. Gunter Narr Verlag Tübingen, pp. 102-109.

Claes S. J., Frans (2000). Vocabulaires et livres de conversations pour apprendre le français aux Pays-Bas espagnols entre 1550 et 1700. In : Jean De Clercq, Nico Lioce & Pierre Swiggers (éds.), *Grammaire et enseignement du français langue* étrangère *entre 1500 et 1700*. Leuven: Peeters, pp. 217-235.

Cooper-Richet, Diana (2009). Paris, capital editorial do mundo lusófono na primeira metade do século XIX? *Varia Historia* 25/42, 539-555.

Cooper-Richet, Diana (2005). Paris, capitale des polyglottes? Edition et commercialisation des imprimés en langues étrangères sous la Restauration. In: Jean-Yves Mollier, Martine Reid & Jean-Claude Yon (dir.), *Repenser la Restauration*. Paris : Nouveau Monde éditions, pp. 197-209.

Cooper-Richet, Diana (2002). L'imprimé en langues étrangères à Paris au XIXe siècle. Lecteurs, éditeurs, supports. *Revue française d'histoire du livre* 116-117, 203-225.

Cooper-Richet, Diana (2001). Les imprimés en langue anglaise en France au XIXe siècle: rayonnement intellectuel, circulation et modes de pénétration. In: Jacques Michon & Jean-Yves Mollier (dir.), *Les mutations du livre et de l'édition dans le monde du XVIIIe siècle à l'an 2000*. Québec/Paris: Les Presses de L'Université Laval / L'Harmattan, pp. 122-140.

Cooper-Richet, Diana (1999). La librairie étrangère à Paris au XIXe siècle [Un milieu perméable aux innovations et aux transferts]. *Actes de la recherche en sciences sociales*. Vol. 126-127, pp. 60-69.

Corvo Sánchez, María José (2010). Historia y tradición en la enseñanza y aprendizaje de lenguas extranjeras en Europa (VII): Edad Moderna – las lenguas nacionales". *Babel-Afial* 19, 151-181.

Corvo Sánchez, María José (2009). Historia y tradición en la enseñanza y aprendizaje de lenguas extranjeras en Europa (VI): Edad Moderna – la reforma humanística de la lengua Latina y de su enseñanza. *Babel-Afial* 18, 207-243.

Corvo Sánchez, María José (2007). *Los libros de lenguas de Juan Ángel de Zumaran. La obra de un maestro e intérprete de lenguas español entre los alemanes del siglo XVII.* Frankfurt am Main: Peter Lang.

De Clercq, Jean, Lioce, Nico et Swiggers, Pierre (2000). Grammaire et enseignement du français langue étrangère entre 1500 et 1700. In: Jean De Clercq, Nico Lioce & Pierre Swiggers (éds.). *Grammaire et enseignement du français langue* étrangère *entre 1500 et 1700.* Leuven: Peeters, pp. ix-xxxiv.

Dicionário de Tradutores Literários no Brasil (DITRA), em linha: https://dicionariodetradutores.ufsc.br/pt/index.htm

Dictionary of National Biography (DNB), em linha: www.oxforddnb.com

Dumarsais, C. (1722). *Exposition d'une méthode raisonnée pour apprendre la langue latine.* Paris: Etienne Ganeau.

Fonseca, Maria do Céu (2018). Londres et les Britaniques dans l'ancienne grammaticographie du Portugais Langue Étrangère (XVIIe-XIXe siècles). In: McLelland, Nicola and Richard Smith (ed.), *The History of Language Learning and Teaching I: 16th-18th Century Europe.* Oxford: Legenda, pp. 173-191.

Fonseca, Maria do Céu (2014). Gramáticas de Português como Língua Estrangeira no século XIX: a consciência de uma identidade românica. In: Fryba, Anne-Marguerite, Roberto Antonelli & Bernard Colombat (éd.), *Actes du XXVIIe Congrès international de linguistique et de philologie romanes.* Strasbourg: Société de linguistique romane / Éditions de linguistique et de philologie.

Fonseca, Maria do Céu, Maria João Marçalo & Ana Alexandra Silva (2012). O Português como Língua Estrangeira em gramáticas antigas – aspetos do contexto anglófono". In: Kemmeler, Rolf, Barbara Schäfer-Prieß e Roger Schöntag (eds.). *Portugiesische SprachWissenschaftsgeschichte.*Tübingen: Calepinus

Verlag, pp. 21-55.

Galazzi, Enrica (2012). Les sciences phonétiques et la prononciation du français. Quelques moments-phares. In: Bernard Colombat, Jean-Marie Fournier e Valérie Raby, *Vers une histoire générale de la grammaire française. Matériaux et perspectives.* Paris, Honoré Champion, pp. 553-569.

Gallagher, John James (2014). *Vernacular language-learning in early modern England* (PhD thesis, Cambridge).

Gallagher, John (2019). *Learning languages in early modern England.* United Kingdom: Oxford University Press.

Gallina, Annamaria (1959). *Contributi alla storia della lessicografia italo-spagnola dei secoli XVI e XVII.* Firenze: Leo S. Olschki – Editore.

García Aranda, María Ángeles (2014). Un nuevo método de estudio de lenguas extranjeras en el siglo XIX: las guías prácticas de conversación y pronunciación. *Anuario de Estudios Filológicos* XXXVII, 41-60.

García Aranda, María Ángeles (2017). Otras fuentes para el estúdio de la enseñanza de la pronunciación española: las guías de conversación. *Anuario de Letras. Lingüística y Filología* 5/1, 37-84.

García Asensio, María Ángeles (1991-1992). Los Países Bajos en el siglo XVI: una situación de convivencia de lenguas y culturas. *Butlletí de la Reial Acadèmia de Bones Lletres de Barcelona* 43, 363-379.

García Asensio, María Ángeles (1996). Testimonios españoles sobre el plurilingüismo de los Países Bajos durante los siglos XVI y XVII. In: Emma Martinell Gifre & Mar Cruz Piñol (eds.), *La conciencia lingüística en Europa. Testimonios de situaciones de convivencia de lenguas (ss. XII-XVIII).* Barcelona: Promociones y Publicaciones Universitarias, S. A., pp. 291-308.

Germain, Claude (1993). *Évolution de l'enseignement des langues: 5000 ans d'histoire.* Paris: CEL International.

Glück, Helmut (2014). The history of German as a foreign language in Europe. *Language & History* 57(1), 44-58.

Gómez Asencio, José J. (2006). La gramática castellana para extranjeros de Nebrija. In: José J. Gómez Asencio (dir.), *El castellano y su codificación gramatical. Volumen I. De 1491 (A de Nebrija) a 1611 (John Sanford).* Burgos: Instituto castellano y leonês de la lengua, pp. 117-142.

Gonçalves, Rebelo [Francisco] (1947). *Tratado de Ortografia da Língua Portuguesa*. Coimbra: Atlântida – Livraria Editora.

Goris, A. J. (1925). Étude *sur les colonies marchandes méridionales (portugais, espagnols, italiens) à Anvers de 1488 à 1567*. Louvain: Librairie Universitaire.

Haastrup, Niels (1988). On Phrasebooks: The Phrasebook as a genre, a source and a model. In: K. Hyldgaard-Jensen & A. Zettersten (eds.), *Symposium on Lexicography III: Proceedings of the Third International Symposium on Lexicography* (pp. 289-409). Türbingen: Max Niemeyer Verlag, pp. 389-409.

Hassler, Gerda (2012). La description du *génie de la langue* dans les grammaires françaises et les grammaires d'autres langues. *Todas as Letras*, São Paulo, v. 14, n. 1, 99-120.

Hassler, Gerda (2010). A discussão sobre a origem e o génio da língua portuguesa desde Duarte Nunes de Leão (1606) até Francisco Evaristo Leoni (1858): integração e transformação de conceitos europeus». In : Carlos Assunção, Gonçalo Fernandes et Marlene Loureiro (eds.), *Ideias linguísticas na Península Ibérica (séc. XIV a séc. XIX)*. Germany: Nodus Publikationen, pp. 373-384.

Howatt, A. P. R. (1984). *A history of English language teaching*. Oxford: Oxford University Press.

Hüllen, Werner (2004). *A history of Roget's **Thesaurus**: origins, development, and design*. Oxford: University Press.

Hüllen, Werner (2003). Textbook-families for the learning of vernaculars between 1450 and 1700. In: Sylvain Auroux (ed.), *History of Linguistics 1999*. Amsterdam / Philadelphia: John Benjamins, 97-107.

Hüllen, Werner (2001). Characterization and evaluation of languages in the Renaissance and in the Early Modern Period. In: Martin Haspelmath *et al.* (ed.), *Language typology and language universals. An international handbook* I. Berlin/New York: De Gruyter, pp. 234-249.

Hüllen, Werner (1999). Onomasiological dictionaires (900-1700). Their tradition and their linguistic status. In: David Cram, Andrew Linn & Elke Nowak (eds.), *History of linguistics 1996, 2.* Amsterdam/Philadelphia: John Benjamins, pp.89-103.

Hüllen, Werner (1997). Review of *Colloquia, et dictiona-*

riolum octo linguarum Latinae, Gallicae, Belgicae, Teutonicae, Hispanicae, Italicae, Anglicae, Portugallicae, ed. Riccardo Rizza et al. (Viareggio-Lucca-Italy: Mauro Baroni editore s.d. [1996]). *Henry Sweet Society Bulletin* 29, 53-55.

Izzo, Herbert J. (1982). Phonetics in 16th-Century Italy: Giorgio Bartoli and John David Rhys. *Historiographia Linguistica* 9:3, 335-359.

Kelly, L. G. (1969). *25 centuries of language teaching. 500 BC-1969*. Massachusetts: Newbury House Publishers.

Kemmler, Rolf (2014). A *Grammaire portugaise* (Angers; Paris: 1806) do Abbé Sébastien Geneviève Dubois e os inícios da gramaticografia do português como língua estrangeira para um público francófono. In: Fryba, Anne-Marguerite, Roberto Antonelli & Bernard Colombat (éd.), *Actes du XXVIIe Congrès international de linguistique et de philologie romanes*. Strasbourg: Société de linguistique romane / Éditions de linguistique et de philologie, pp. 1527-1537.

Lillo, Jacqueline (2002). Bilan et pistes de recherche en histoire de la lexicographie bilingue français-italien. *Quaderni del CIRSIL*, 1, 47-58.

Lopes, Cláudia Neves (2001). Édition et colonisation : le marché éditorial entre le Brésil et le Portugal. In : Jacques Michon & Jean-Yves Mollier (dir.), *Les mutations du livre et de l'édition dans le monde du XVIIIe siècle à l'an 2000*. Québec/Paris : Les Presses de L'Université Laval / L'Harmattan, pp. 360-371.

Marcos Sánchez, Mercedes (2006). Orientaciones en la enseñanza del español como lengua extrenjera en la Europa del siglo XVII. In: José J. Gómez Asencio (dir.), *El castellano y su codificación gramatical. Volumen II. De 1614 (B. Jiménez Patón) a 1697 (F. Sobrino)*. Burgos: Instituto castellano y leonês de la lengua, pp. 749-782.

Martient, André (1986). Langue parlée et langue écrite. *Liaison alfonic*, Vol. 3, fasc. 3. Paris, 3-15.

Martinet, André (1969). *Le français sans fard*. Paris: PUF.

Massebieau, L. (1878). *Les colloques scolaires du seizième siècle et leurs auteurs (1480-1570)*. Paris: J. Bonhoure et Cie, Éditeurs.

Matos, Manuel Cadafaz de & Salomon, Herman Prins (1990). Menasseh ben Israel e as primícias da tipografia judaico-portuguesa em Amesterdão no século XVII. In: David Franco Mendes & J. Mendes dos Remédios, *Os judeus portugueses em Amesterd*ão. Edição (fac-símile das edições de 1911 e 1975) e estudo introdutório de Manuel Cadafaz de Matos e Herman Prins Salomon. Lisboa: Edições Távola Redonda, pp. XI-LX.

McLelland, Nicola (2017). *Teaching and learning foreign languages. A history of language education, assessment and policy in Britain*. London/New York: Routledge.

Mendes, David Franco & Remédios, J. Mendes dos (1990). *Os judeus portugueses em Amesterdão*. Edição (fac-símile das edições de 1911 e 1975) e estudo introdutório de Manuel Cadafaz de Matos e Herman Prins Salomon. Lisboa: Edições Távola Redonda.

Mollier, Jean-Yves (2001). La construction du système éditorial français et son expansion dans le monde du XVIIIe au XXe siècle. In: Jacques Michon & Jean-Yves Mollier (dir.), *Les mutations du livre et de l'édition dans le monde du XVIIIe siècle à l'an 2000*. Québec/Paris: Les Presses de L'Université Laval / L'Harmattan, pp. 47-72.

Olivero, Isabelle (1999). *L'invention de la collection. De la diffusion de la littérature et des savoirs à la formation du citoyen au XIXe siècle*. Paris: Éditions de L'IMEC / Maison des sciences de l' Homme.

Parkinson de Saz, Sara M. (1980). *La lingüística y la enseñanza de las lenguas. Teoría y práctica*. Madrid: Empeño 14.

Percival, W. Keith (1992). La connaissance des langues du monde. In: Sylvain Auroux (dir.), *Histoire des idées linguistiques. Le développement de la grammaire occidentale*, tome 2. Liège: Pierre Mardaga, pp. 226-238.

Ponce de León, Rogelio (2012). O primeiro manual do português como língua estrangeira? Breves considerações sobre *A portuguez grammar* (Londres 1662) de La Mollière. *Limite*, 6, 53-74.

Quemada, Bernard (1967). *Les dictionnaires du français moderne 1539-1863*. Paris: Didier.

Ramajo Caño, Antonio (1987). *Las gramáticas de la lengua castellana desde Nebrija a Correas*. Salamanca: Ediciones Universidad Salamanca.

Ramos, Vítor (1972). *A edição de língua portuguesa em França (1800-1850)*. Paris: FCG.

Rhoesq, Ioanne Davide (1569). *Perutilis Extern Nationibus de Italica Pronunciatione et Orthographia Libellus*. Papua: Laurentius Pasquatus Excudebat; Ad instantiam Petri Antonii Alciati.

Rodrigues, A. Gonçalves (1951). A língua portuguesa em Inglaterra nos séculos XVII e XVIII. *Biblos* XXVII, 43-76.

Rossebastiano, Alda (2000). La tradition des manuels polyglottes dans l'enseignement des langues. In : Sylvain Auroux *et al.* (éd.) *History of the language sciences* I. Berlin/New York: De Gruyter, pp. 688-698.

Rossebastiano, Alda Bart (1984). *Antichi vocabolari plurilingui d'uso popolare: la tradizione del "Solennissimo Vochabuolista"*. Alessandria: Edizioni dell'Orso.

Rossebastiano, Alda Bart (1975). I "Colloquia" di Noel de Berlaimont nella versione contenente il portoghese. *Annali dell'Istituto Universitario Orientate* XVII, Sezione Romanza, 31-85.

Sáez Rivera, Daniel Moisés (2007). *La lengua de las gramáticas y métodos de español como lengua extranjera en Europa (1640-1726)*. Memoria para optar al grado de doctor. Facultad de Filología. Universidad Complutense, Madrid.

Sáez Rivera, Daniel M. (2005). La explotación pedagógica del diálogo escolar en la didáctica del español (ss. XVI-XIX). In: M.ª Auxiliadora Castillo Carballo *et al.* (eds.), *Las gramáticas y los diccionarios en la enseñanza del español como segunda lengua: deseo y realidad: Actas del XV Congreso Internacional de ASELE*. Sevilla: Universidad de Sevilla, 792-798.

Sumillera, Rocío G. (2008) *La lengua de las gramáticas y métodos de español como lengua extranjera en Europa (1640-1726)*. Madrid: Servicio de Publicaciones de la Universidad Complutense.

Salmon, Vivian (1985). The study of foreign languages in seventeenth-century England. *Histoire Epistémologie Langage* VII-2, 45-70

Sánchez Escribano, Francisco Javier (2008). La lexicografía plurilingüe inglesa en los siglos XVI y XVII: los diccionarios de James Howell. *Philologia Hispalensis* 22, 299-318.

Sánchez Escribano, Francisco Javier (2006). Portuguese in England in the sixteenth and seventeenth centuries. *Sederi* 16, 109-132.

Sánchez Escribano, Francisco Javier (1996). *Proverbios, refranes y traducción. James Howell y su colección bilingüe de refranes españoles* (1659). Zaragoza: SEDERI.

Sánchez Escribano, Francisco Javier (1983). Los diccionarios poliglotos de James Howell: fuentes y aportaciones personales. *Atlantis* 5, 1/2, 5-22.

Sánchez Pérez, Aquilino (1992). *Historia de la enseñanza del español como lengua extranjera*. Madrid: SGEL.

Schäfer-Prieß, Barbara (2019). *A gramaticografia portuguesa até 1822. Condições da sua génese e critérios de categorização, no âmbito da tradição latina, espanhola e francesa*. Vila Real: Centro de Estudos em Letras / Universidade de Trás-os-Montes e Alto Douro.

Sumillera, Rocío G. (2014a). Translation in sixteenth-century English manuals for the teaching of foreign languages. In: Jean Boase-Beier, Antoinette Fawcett & Philip Wilson (eds.), *Literary translation. Redrawing the boundaries*. UK: Palgrave Macmillan, 79-98.

Sumillera, Rocío G. (2014b). Language manuals and the book trade in England. In: J. M. Pérez Fernández & E. Wilson-Lee (eds.), *Translation and the book trade in the early modern Europe*. Cambridge: Cambridge University Press, 61-80.

Swiggers, Pierre (2006). El foco "belga": las gramáticas españolas de Lovaina (1555, 15559). In: José J. Gómez Asencio (dir.), *El castellano y su codificación gramatical. Volumen I. De 1491 (A de Nebrija) a 1611 (John Sanford)*. Burgos: Instituto castellano y leonês de la lengua, pp. 161-213.

Swiggers, Pierre e Alfons Wouters (2003). Réflexions à propos de (l'absence de?) la syntaxe dans la grammaire gréco-latine. In: Pierre Swiggers & Alfons Wouters (ed.), *Syntax in Antiquity*. Louvain: Peeters, 25-41.

Thomas, M. (2004). *Universal Grammar in Second Language Acquisition: A History*. London: Routledge Press.

Timelli, Maria Colombo (1992). Dictionnaires pour voyageurs, dictionnaires pour marchands ou la polyglossie au quotidien aux XVIe et XVIIe siècles. *Lingvisticae Investigationes* 16(2), 395-420.

Timelli, Maria Colombo (1998). Dialogues et phraséologie dans quelques dictionnaires plurilingues du XVIe siècle. *Docu-*

ments pour l'Histoire du Français Langue Étrangère et/ou Seconde, 22, 27-63.

Titone, Renzo (1968). *Teaching foreign languages. An historical sketch*. Washington: Georgetown University Press.

Torres, Amadeu (1982). *Noese e crise na epistolografia goisiana*, Vols. I-II. Paris: Fundação Calouste Gulbenkian.

Universal Short Title Catalogue (USTC), em linha: https://www.ustc.ac.uk/

Van Hal, Toon (2011). A Man of Eight Hearts. Hadrianus Junius and sixteenth-century plurilinguism. In: Dirk van Miert (ed.), *The Kaleidoscopic Scholarship of Hadrianus Junius (1511–1575). Northern Humanism at the Dawn of the Dutch Golden* 199. Leiden: Boston, pp.188-213.

Vázquez de Prada, Valentin (1960). *Lettres marchandes d' Anvers*. Paris : École Pratique des Hautes Études, Vol. II.

Verdelho, Telmo (1999-2000). O Calepino em Portugal e a obra lexicográfica de Amaro Reboredo. *Revista Portuguesa de Filologia*, Vol. 23, 125-149.

Verdelho, Telmo (1995). *As origens da gramaticografia e da lexicografia latino-portuguesas*. Lisboa: INIC

Verdelho, Telmo (2011). Lexicografia portuguesa bilingue. Breve conspecto diacrónico. In: Verdelho, Telmo e João Paulo Silvestre (eds.) (2011). *Lexicografia bilingue. A tradição dicionarística Português-Línguas Modernas*. Aveiro: Centro de Linguística da Universidade de Lisboa / Universidade de Aveiro, pp. 13-67.

Verdelho, Telmo e João Paulo Silvestre (eds.) (2011). *Lexicografia bilingue. A tradição dicionarística Português-Línguas Modernas*. Aveiro: Centro de Linguística da Universidade de Lisboa / Universidade de Aveiro.

Verdelho, Telmo e João Paulo Silvestre (orgs.) (2007). *Dicionarística portuguesa. Inventariação e estudo do património lexicográfico*. Aveiro: Universidade de Aveiro.

Wagner, M. L. (1924). *Os judeus hispano-portugueses e a sua língua no Oriente, na Holanda e na Alemanha*. Coimbra: Imprensa da Universidade.

III. *Corpus* de Guias de Conversação: Português[1]

1662   Berlaimont, Noël. *Dictionariolum et colloquia octo linguarum, Latinae, Gallicae, Belgicae, Italicae, Anglicae, & Portugallicae.* Antuerpia: Apud Henricum Aertsens [1.ª ed. 1530].

1802   [Boulard, Antoine Marie Henri] *Traductions interlinéaires des six langues, allemande, suédoise, danoise, anglaise, portugaise et hebraïque.* Paris: Chez Fuchs, Libraire.

1810   Genlis (Madame de). *Manuel du voyageur, en six langues: anglaise, allemande, française, italienne, espagnole et portugaise.* Paris: Chez Charles Barrois Libraire.

1812   Feraud, F. G. *A vocabulary and dialogues, in three languages, English, Spanish, and Portuguese, on subjects adapted to general use, as well as to military and naval affairs (...); to which is added, an index of the Portuguese regular and irregular conjugations.* London: T. Boosey.

1817   Hamonière, G. *Le nouveau guide de la conversation, en portugais et en français, en trois parties (...).* Paris: Chez Théophile Barrois fils, Libraire pour langues étrangères vivantes.

1825   Hamonière, G. *Le guide de la conversation brésilienne et française, en trois parties (...).* Rio de Janeiro: Chez Pierre Plancher.

1839   Fries, Crevel de Charlemagne, Bartholomé et Da Fonseca. *Art de la correspondance familière et commerciale en six langues: français, anglais, italien, allemand, espagnol et portugais (...).* Paris: Chez Thiériot, Libraire.

1840   Hamonière, G. *A nova guia da conversaçaõ, em italiano, e portuguez, dividida em duas partes: A primeira con-*

---

[1] Trata-se de um *corpus* em construção, já que se recenseiam apenas obras a que se teve acesso, ainda que se tenha informação documental de maior número de títulos.

tendo hum vocabulário de palavras usuaes por ordem alfabética. A segunda, sessenta diálogos sobre differentes objectos. Lisboa: Na typographia Rollandiana.

[3]1842   Monteverde, Emílio Aquiles. *Collecção de phrases e dialogos familiares uteis aos portuguezes, francezes e inglezes, ou Exercicios para a conversação portugueza, franceza e ingleza.* Lisboa: Na Imprensa Nacional [1.ª ed. 1829].

1843   Roquete, José Inácio. *Guia da conversação Portuguez-Inglez, para uso dos viajantes e dos estudantes, Por ____, Autor do Novo Dicionario Portuguez-Francez, contendo (...).* Paris: Carlos Hingray.

1843   Smith, Lelon, Adler-Mesnard, Ronna, Ochoa & Roquette. *Guide to English, German, French, Italian, Spanish and Portuguese conversation for the use of travelers and students.* Paris: Charles Hingray

1846   Moura, Caetano Lopes de. *Nouveau guide de conversations modernes en français et en portugais pour l'usage des Voyageurs et de ceux qui se livrent à l'étude des deux langues. Nouvelle édition revue, corrigée et augmentée de dialogues (...) / Novo guia de conversação á moderna em francez e em portuguez para o uso dos que viajaõ e daqueles que se applicaõ ao estudo d'ambas estas línguas. Nova edição revista, corrigida, e augmentada com diálogos (...).* Paris: Baudry, Librairie Européenne.

1846   Bellenger, W. A., Witcomb, Steuer, Zirardini, Pardal et Moura. *Nouveau Guide de Conversations Modernes ou Dialogues Usuels et Familiers Contenant en Outre de Nouvelles Conversations sur les Voyages, les Chemins de fer, les Bateaux à vapeur, etc en Six Langues français - anglais - allemand - italien - espagnol - portugais (...).* Paris: Baudry, Librairie Européenne.

1854   Fonseca, José da. *Le nouveau guide de la conversation en français et portugais, en deux parties.* Paris: Ve J.-P. Aillaud, Monlon e Ce, Libraires de leurs Majestés l'Empereur du

Brésil et la Reine de Portugal.

1855   Fonseca, José da & Carolino [Duarte], Pedro. *O novo guia da conversação, em Portuguez e Inglez, ou escolha de dialogos familiares sôbre varios assuntos*. Paris: J.-P. Aillaud, Monlon e C.ª. livreiros de suas Magestades o Imperador do Brasil e el Rei de Portugal.

[1856]   Duarte [Pedro Carolino]. *Manual da conversação e do estylo epistolar para o uso dos viajantes e da mocidade das escolas. Portuguez-Francez*. Paris: Garnier Irmãos, Livreiros-Editores.

1859   Clifton, [C. Ebenezer], Vitali, G[iovanni], Ebeling, [Friedrich Wilhelm], Bustamante, [Francisco Corona] & Duarte, [Pedro Carolino]. *Manuel de la conversation et du style épistolaire à l'usage des voyageurs et de la jeunesse des écoles en six langues Français-Anglais-Allemand-Italien-Espagnol-Portugais*. Paris: Garnier Frères.

[2]1860   D'Orsey, Alexander J[ames] D[onald]. *Colloquial Portuguese; Or, the Words and Phrases of Every-Day Life: Compiled from Dictation and Conversation, for the Use of English Tourists and Visitors in Portugal, the Brazils, Madeira, and the Azores* (…). London: Trübner & Co.

[[2]1891]   Silva, Soares da. *Le Portugais tel qu'on le parle ou recueil de conversation portugaises et françaises avec la pron013nciation portugaise figurée par des sons français. A l'usage des français qui vont en Portugal*. Par _______. Auteur de la *Nouvelle Méthode pratique de langue portugaise*. Paris: A la Librairie Française et Anglaise de J.-H. Truchy.